KB247334

나도 1급 보건교사! 이제는 말한다

1급 자격연수를 마친 보건교사의 생생한 경험 이야기

나도 1급 보건교사! 이제는 말한다

1급 자격연수를 마친 보건교사의 생생한 경험 이야기

김혜진 · 전희주 · 정수영 · 나애정

생각의빛

2장.

함께 일하는 법을 배우는 2인 보건실 - 전희주

3장.

보건교사인 당신, 이미 충분히 잘하고 있어! -정수영

4장.

보건 업무를 통해 보건교사는 성장한다 – 나애정

1장.

배움으로 빛나는 보건교사의 길

\-

김혜진

예상치 못한 선택, 새로운 꿈

예상치 못한 길에서 얻은 답은 더욱 값지다. 학창 시절의 나는 보건교사로 학교에 근무하게 될 거라고는 전혀 상상하지 못했다. 어릴 적에는 외국어를 좋아한다고 생각해 외국어고등학교를 진학했고, 중학생 때는 내신이 좋다는 이유로 '공부를 잘한다'라고 착각했다. 지금 돌아보면 완전히 틀린 생각이자 오만이었다. 나는 동네 학원에서 한 학기 선행을 한 것이 전부였다. 하지만 나보다 머리 좋은 친구들은 외고 준비를 훨씬 일찍 시작했고, 고등학교 입학 전부터 수학, 영어 같은 주요 과목의 선행도 끝내 놓은 상태였다. 결국 나는 내신 성적이 낮아 정시로 대학을 준비하게 되었고, 현역 수능에서 원하는 성적을 얻지 못해 재수하게 되었다. 재수하면서 모의고사 성적은 이전보다 나아졌지만, '이번 수능은 반드시 잘 봐야만 한다.'라는 부담감이 무겁게 다가왔다. 누구나 당락이 걸린 시험에서 긴장을 느끼지만, 나는 특히 겁이 많은 편이었다. 내가 재수생으로 수능을 치르던 해, 국어 과목이 유난히 어려웠다. 긴장감과 압박감 때문에 지문이 눈에 들어오지 않아 시험을 망치고 말았다. 1교시 국어시험이 끝나자, 내 앞자리 학생이 눈물을 흘리며 가방을 싸서 나가는 모습을 봤다. 나도 따라 나갈까 고민했지만, 다른 과목에서 좋은 성적을 얻으면 논술 우선선발 전형으로 대학을 갈 수 있다는 희망이 있었다. 결국 울면서 수학 시험을 치렀고, 다행히 다른 과목에서는 만족스러운 성적을 얻었다. 그러나 수시 논술 결과는 모두 불합격이었다.

재수를 마친 뒤 대학 입학을 기다리던 시기는 내게 매우 우울했다. 죽도록 공부한 건 아니었지만, 나름대로 열심히 했다고 생각했기 때문이다. 아니, 어쩌면 '열심히 공부하는 척'을 하며 마음의 위안을 얻으려 했던 것 같다. 결국 나는 '공부 머리는 평범하고, 노력하는 척을 하는 사람'이라는 결론을 내렸다. 머리가 좋지 않아도 노력만큼은 뒤지지 않는다고 생각했지만, 되돌아보니 성실함조차 온전하지 않았다. 그러고 나니 다음 단계인 취업이 걱정되기 시작했다. 그래서 '보장된 안정된 길'을 찾고 싶었다. 내가 대학을 입학할 당시에는 대학병원이 있는 간호학과에 진학하면 취업이 보장된다는 이야기를 듣고, 현실적인 선택으로 간호학과에 입학했다. 간호학과 진학은 내가 꿈꾸던 길은 아니었지만, 그때 내가 선택할 수 있는 유일한 길이었다.

하늘은 나에게 우울한 세계에만 머물게 하지 않았다. 어쩔 수 없이 선택한 길이었지만, 예전처럼 '적당히 열심히 하는 척'을 하여 내 인생을 후회하고 싶지는 않았다. 그래서 뭐든지 열심히 해 보기로 결심했다. 연애도 열심히 했고, 공부도 열심히 했다. 처음에는 대학에 대한 열등감으로 시작한 노력이, 즐거운 대학 생활로 이어졌고, 내 인생에 자신감을 주기 시작했다. 열심히 공부하다 보니 간호학이라는 학문이 점점 좋아졌다. 간호학은 근거가 분명한 학문이다. 예를 들면 간호 계획과 간호 수행은 환자의 진단명, 과거력, 증상, 여러 검사 결과 등의 명확한 근거를 바탕으로 이루어진다. 추상적이지 않고 논리적이다. 이러한 특성 덕분에 "열심히 공부하면 그만큼 명확하게 간호를 수행할 수 있다."라는 자신감이 생겼다. 또한 간호학은 일상생활에 매우 실용적인 학문이었다. 생리학, 병리학, 해부학부터 아동간호학, 모성 간호학, 성인 간호학까지 배운 내용이 삶에 직접적인 도움이 되었다. 공부하면 할수록 내 삶이 풍성해지고, 주변 사람들에게도 도움이 된다는 점에서 자부심을 느꼈다. 이처럼 대학 생활을 열심히 하다 보니 성적이 자연스럽게 좋아져 교직 이수를 받게 되었고, 우울했던 내 세계는 점차 자신감으로 채워졌다. 대학교 1학년 1학기 때까지만 해도 좋은 대학에 진학한 친구들을 부러워하고 스스로 위축되었지만, 내 삶을 열심히 살다 보니 그 부러움이 나를 깎아 먹지는 않았다. 오히려 문과형 인간이라고 생각했던 내가 이과 계열인 간호학을 공부하며 내게 더 맞는 길을 찾게 되었다. 예상치 못했지만, 결과적으로는 더 좋은 선택이었다.

대학 생활 내내 진로에 대한 고민이 끊이지 않았다. 내가 진짜 하고 싶은 일이 무엇인지, 어떤 사람으로 살아가고 싶은지 스스로에게 계속 물었다. 나는 간호학이 마음에 들었고, 배운 지식을 실제 직업으로도 활용하고 싶었다. 그런데 보건교사를 꿈꾸게 된 계기는 아주 단순했다. 대학교 4학년 때 교육실습을 나갔는데, 학생들과 교직원들이 나에게 놀라울 만큼 친절했다. 복도에 지나갈 때마다 아이들은 나에게 인사했고, 교직원분들도 다정하게 "고생 많아요"라고 말해주었다. 병원 실습에서는 실습생에게 먼저 인사해

주는 사람은 드물었기에, 그 경험은 내게 큰 감동이었다. 또한 아이들의 밝은 웃음소리와 활기는 나를 행복하게 만들었다. 음악실에서 들려오는 노랫소리, 운동장을 뛰어다니는 아이들의 모습은 내게 생기를 주었다. 아픈 사람들, 어른들만 상대하던 병원 실습과는 전혀 다른 세상이었다. 그렇게 교육실습을 통해 새로운 꿈이 생겼다.

나는 사람으로 인해 행복하고, 사람으로 인해 상처받는 사람이다. 하지만 결국 사람을 통해 다시 힘을 얻고, 그 힘으로 또다시 누군가를 보듬게 된다. 물론 사람을 대하는 일이기에 학교에서도 상처받는 일이 참 많다. 모든 사람이 나처럼 생각하거나 표현하지 않기 때문이다. 하지만 나에게 힘을 주는 귀여운 아이들, 좋은 동료들 덕분에 매번 치유된다. 점심시간에 복도에서 마주친 1학년 아이가 "보건 선생님, 사랑해요!"라고 말할 때면, 그 한마디에 하루의 피로가 녹는다. 이런 순간이 쌓여 또 하루, 또 한 주를 살아갈 힘이 된다. 학교는 참 많은 행복을 주는 곳이다. 아이들에게 받을 수 있는 에너지는 돈을 주고도 살 수 없기 때문이다. 나는 명확하게 표현하지는 못하지만, 아이들이 주는 따스한 말과 활력 덕분에 보건교사를 선택하게 되었다.

예상치 못한 길에서 얻은 꿈은 더욱 값지고 소중하다. 수능을 망친 나는 처음에는 '단지 취업을 위해' 간호학과를 선택했다. 그래서 처음에는 간호학과에 대한 자부심도 없었다. 하지만 지금은 누구보다도 간호학을 사랑하며 간호사이자 보건교사가 된 것을 자랑스럽게 여긴다. 어찌 보면 진심은 통하는 것 같다. '열심히 하는 척'이 아니라 '진심으로 열심히 살다 보니' 어쩔 수 없이 선택한 길에서 만족스러운 답을 찾고, 새로운 꿈이 생겼다. 나는 아이들에게 "세상에 쓸모없는 경험은 없단다."라고 말한다. 원치 않고 억지로 하게 되는 일이라 하더라도 그 안에서 최선을 다하고, 마음을 다하면 언젠간 어느 분야에서든 그 경험은 분명히 도움이 된다. 공부하기 싫어 보건실로 찾아오는 아이들에게 이 말이 얼마나 닿을지는 모르겠지만, 진심으로 해주고 싶은 말이다. 어쩌면, 나 자신에게도 해주고 싶은 말이기도 하다. 세상이 내가 원하는 대로 흘러간다면 얼마나 좋을까. 하지만 세상은 그렇게 호락호락하지 않다. 아무리 열심히 노력했더라도 원하는 결과를 얻지 못할 때도 많다. 중요한 건 거기서 포기하지 않고, 그 안에서 내 삶을 살아가는 것이다. 그러다 보면 처음 꿈꾸던 길보다 더 좋은 길을 만나기도 한다. 어차피 해야 하는 일이라면, 최선을 다해보자. 그 속에서 분명, 우리만의 빛나는 답을 찾게 될 것이다. 오늘의 작은 노력이 내일의 나를 단단하게 만들 수 있다. 그 길의 끝에서, 우리는 결국 스스로의 빛으로 서게 될 수 있을 것이다.

내 인생을 바꾸어준 멘토

나는 감사하게도 매년 아이들에게 작고 소중한 편지를 받는다. 아이들은 고사리 같은 손으로 편지와 군것질거리를 나한테 건넨다. 편지의 내용은 보건 수업을 듣고 간호사나 보건교사를 꿈꾸게 되었다는 것이다. 이러한 편지를 받을 때마다 화를 내며 투덜거렸던 나의 모습을 반성하기도 하고, 보건교사의 존재에 대해 다시 생각해 보며, 교단에 섰던 초심으로 돌아가게 된다. 아이들이 주는 힘은 그만큼 강력하다. 학교에서 힘든 일이 있을 때마다 부모님, 친구들 그리고 동료 선생님들이 해주는 말도 나에게 위로와 힘이 되지만 아이들이 건네는 말 한마디, 편지 하나에 나의 힘들고 서러웠던 감정들이 눈 녹듯이 사라진다. 대부분의 동료 교사도 이러한 감정을 공감할 것이다. 아이들이 있기에 나도 누군가의 멘토가 될 수 있다는 생각으로, 더욱 부끄럽지 않으려 노력하게 된다.

　이럴 때마다 나는 생각나는 두 분의 선생님이 계신다. 한 분은 내가 대학교 4학년 때 교육 실습생 시절 교육실습을 받았던 보건 선생님이시다. 간호학과 교육 실습생은 교육실습학교를 구하기가 매우 어렵다. 학교 차원에서 실습 학교를 연계해 주면 좋겠지만, 대부분 간호학과 교육 실습생은 개인적으로 실습처를 구해야 한다. 나도 모교에 전화해 보았지만, 선생님께서 부담이 된다며 거절하셨고 대신 다른 학교 선생님을 소개해 주셨다. 그리고 이 학교에서 나는 내 인생의 멘토 선생님을 만나게 되었다. 선생님은 정년퇴직을 1년 정도 앞두고 계신 분으로, 보건교사 후배 양성이 중요하다고 말씀하시며 흔쾌히 나를 받아주셨다. "앞으로 한달 간 많은 것을 배우고 가세요.", "교사가 되어서도 어려운 일이 있으면 언제든지 연락하세요."라고 하셨다.

　선생님께서는 보건교사로서 응급상황 대처, 처치, 보건 수업, 이 3가지가 가장 중요하다고 하셨다. 실습 중 다행히 응급상황은 없었지만, 갖가지 처치 상황에 대해 배우게 되었다. 두통, 복통, 비출혈, 유치 빠짐, 골절, 염좌 등 다양한 케이스에 대한 대응은 단순히 교과서에서 배운 것과는 달랐다. 예를 들어, 비출혈 시 교과서에서는 고개를 숙이고 거즈로 코를 막으라고 배우지만, 선생님은 아이들 코에 알맞게 시판된 거즈에 바셀린을 묻혀 막는 것이 지혈에 더 효과적이며, 코의 건조함을 막을 수 있다고 알려주셨다. 이처럼 경험에서 나온 지식을 배울 수 있어, 지금도 그 방법들을 유용하게 사용하고 있다. 또한 선생님은 수업에 대한 부족함을 스스로 채우기 위해 노력해야 한다고 강조하셨다. 교대나 사범대를 졸업한 교사들은 대학 시절 4년 내내 수업을 배우지만, 우리는 비교과이기 때문에 수업역량은 스스로 채워나가야 한다는 것이다. 인상 깊었던 일 중 하나는, 실습 기간에 학교에 공개수업 주간이 있었는데, 선생님은 나에게 수업을 잘하기로 소문난 선생님의 수업에 참관할 기회를 주셨다. 선생님께서는 "교사가 되면 다른 사람의 수업을 참관할 기회가 드물다"라고 하셨다. 이 경험 이후, 교사가 된 지금도 보건과 수업의 참관 기회가 생기면 꼭 참여하려 한다. 참관수업을 몇 번 가보진 못했지만, 팅커벨, 캔바 등을 학생들이 직접 활용하는 수업 방식을 볼 수 있었다. 연수에서는 단지 듣고만 지나갔던 방법들을 참관수업을 다녀온 후에는 직접 활용하게 되었다.

선생님께서는 보건일지의 중요성을 강조하셨다. 보건일지는 단순히 처치 기록이 아니라 보건실 업무 전반의 근거자료가 되며, 법적인 문서로서 응급상황 보고 등에도 중요한 자료가 된다고 하셨다. 감염병 유행 시에는 스크리닝 자료가 되고, 보건교육의 기초 자료가 되기도 한다. 보건실에 아이들이 갑자기 몰려오더라도 보건일지는 꼼꼼히 작성하는 것이 중요하며, 자주 오는 증상은 형식화하여 등록해 두면 도움이 된다고 하셨다. 예를 들어 두통 학생이 많은 경우, 'BT 36.8, 1교시부터 두통 호소, NRS 1점, 참아보고 보건실에 다시 오겠다고 함, 감기/복통 증상 없음' 등의 내용을 사이트에 미리 등록해 두고 상황에 맞게 수정하면 업무 효율이 높아진다. 짧은 한 달이었지만 열정적인 선생님을 만나 많은 것을 배웠다.

나의 두 번째 인생 멘토 보건 선생님은 나의 첫 발령 학교 전임자 선생님이시다. 그분도 정년 퇴임을 몇 년 앞두고 계셨지만, 바쁜 학교생활 속에서 신규 보건교사인 나의 전화를 항상 받아주시고, 업무뿐 아니라 마음의 어려움도 보살펴주셨다. 참 겸손하고 따뜻한 분이셨다. 우리는 나이와 경력 차이가 컸지만, 선생님은 늘 자신을 낮추고, 아무것도 모르는 나를 높여주셨다. 그 모습에서 선생님의 품격과 진심을 느꼈다. 특히 멘토 선생님께 들었던 가장 인상 깊었던 말은 "학교가 가기 싫어지면 안 된다."라는 것이었다. 이 한 문장에 모든 것이 다 담겨있었고 나는 그 의미를 이해했다. 보건실에서 홀로 보내는 시간이 많고, 학교에서 하루 대부분을 보내는 교사로서, 학교가 싫어지는 것은 큰 문제라는 뜻이었다. 그렇다고 직업을 그만둘 수도 없으니, 학교생활을 스스로 괴롭게 하지 말고 긍정적으로 받아들이라는 말이었다. 실제로 나는 '이런 일도 해야 하나?'라는 생각이 들 때 표정에 감정이 드러나곤 했는데, 선생님의 조언 이후로는 어차피 해야 할 일이라면 밝은 마음으로 임하려 노력하게 되었다. 학교에서 행복하게 일하려면 따뜻한 보건교사가 될 그릇을 키우는 것이 중요하다고 생각했다.

하지만 따뜻한 보건교사여도 분명히 할 말은 해야 한다. 아이들에게도 분명한 훈육은 필요하다. 보건실을 무제한 허용하면 실제로 도움이 필요한 학생들이 오기 어려워지며, 한정적인 보건교사의 에너지는 금세 고갈될 것이다. 또한 같은 교직원들에게도 업무 범위를 넘어가는 요구가 있을 때는 명확히 의견을 말해야 한다. 공무원이기에 법과 매뉴얼을 참고하고, 다른 학교의 사례를 알아본 뒤 상대방의 기분이 상하지 않도록 부드럽고 정확하게 전달한다. 필요하면 부장이나 관리자에게 도움을 요청하는 것도 좋은 방법이다. 이러한 방식은 사람, 상황에 따라 다르기에, 학교문화를 살피며 지혜롭게 행동하는 것이 중요하다.

보건실 방문 학생 수가 급격하게 늘거나, 짧은 기간 내에 여러 번 응급상황이 터지며 바쁜 보건 업무에 치일 때, 때로는 학생이나 동료 교직원에게 상처가 되는 말을 들으면 나도 모르게 사무적인 태도로 변할 때가 있다. 사실 사무적인 태도뿐 아니라, 때로는 화가 나 목소리와 태도가 아이들에게 그대로 전달될 때도 있다. 하지만 놀라운 것은, 내가 이런 상태로 변하고 있다는 것을 인지하는 순간 아이들이 나를 깨운다는 점이다. 편지나 그림을 건네주거나, "선생님, 오늘 기분이 안 좋아요?"라는 말을 하여 내 마음을 돌려놓는다. 그럴 때마다 위로받는 동시에 내 감정 표현이 부끄럽게 느껴진다. 나약한 나 자신과 교사라는 자리를 오가며 하루에도 여러 번 마음이 흔들린다. 나도 언젠간 내 멘토 보건 선생님들처럼 경력이 쌓이면서 유약한 나 자신이 단단해지길 바란다. 작은 경험 하나하나가 쌓여 나를 성장하게 하며 언젠가는 누군가에게도 힘을 줄 수 있는 사람이 되지 않을까 기대해 본다. 학기가 중반쯤 접어들면 체력과 정신이 떨어짐을 절실히 느낀다. 그럴 때마다 '학교가 가기 싫은 곳이 되면 안 되지. 내가 힘들어지지'라는 생각으로 자신을 다잡는다. 학교는 나에게 힘들기도 하지만, 내일이 기대되는 곳이며, 경제적·정서적 안정과 자아를 지켜주는 소중한 공간이다. 즉, 생각해 보면 힘든 순간이 많아도 결국 학교는 나의 성장과 행복의 공간이다. 여러분에게도 학교가 싫지 않은, 그래도 가고 싶은 장소가 되길 진심으로 바란다.

보건실에서 배운 따뜻함과 지혜

내가 첫 발령을 받은 학교는 60% 이상이 다문화 가정 출신이었다. 우리나라에 체류 중인 외국인 근로자 가정의 자녀도 많았다. 일부 가정에서는 생계를 유지하기에도 벅차 아이들의 교육이나 한국어 지도는커녕, 식사·수면·상처와 질병까지도 세심하게 챙기기 어려운 상황이었다. 심지어 아이들은 늦잠을 자 등교하지 못하는 경우도 종종 있었고, 지각이나 결석으로 건강검진, 소변검사에 참여하지 못하는 학생도 많았다. 보건실에서 처치할 때도, 자신의 학년과 반을 제대로 모르거나, 설사 안다고 해도 한국어로 정확히 표현하지 못하는 경우도 흔했다. 이러한 아이들이 많다 보니, 보건실은 늘 붐볐다. 500명 규모의 학교에서 하루에 40명 넘는 학생이 보건실을 찾는 날도 많았다. 언어가 통하지 않다 보니 처치 시간도 배로 걸렸다. 물론 보건교사로서 아이들을 따뜻하게 대해야 한다는 건 잘 알고 있었지만, 이런 날들이 반복되자 체력과 마음이 조금씩 지쳐갔다. 어느 날 어머니께 학교 이야기를 하며 속마음을 털어놓았다. 어머니는 이렇게 말씀하셨다.

"보건교사는 가장 소외된 아이들을 돌보는 교사야. 그 아이들에게 따뜻하게 대해야 해. 그게 네가 있는 이유고, 그걸 위해 너는 월급을 받는 거야."

물론 모든 선생님이 학생들을 위해 존재하지만, 나는 조금 더 '소외된 아이들을 위해 존재해야 한다'라는 의미로 받아들였다. 그리고 그때부터 내 안의 따뜻함과 지혜를 더욱 깊이 다짐하게 되었다.

보건실에 매일 찾아오는 2학년 다문화 가정의 남학생이 있었다. 아이는 매번 오심과 두통을 번갈아 호소했지만, 실제로 구토 없이 헛구역질만 반복되었다. 주로 오전에 보건실을 찾았고 발열, 복통, 어지럼증, 호흡곤란 등은 없었다. 문진해 보니 아침 식사는 거의 하지 않고, 새벽 2시가 넘도록 스마트폰을 보다가 잠이 든다고 했다. 보건실 방문이 반복되자 병원 진료를 권유했고, 담임교사와도 학생 상황을 공유하여 학부모님께 병원을 안내했다. 그러나 며칠이 지나도 학생은 병원에 다녀오지 않았다. 학부모님은 한국어 소통이 어려운 상황으로 보여, 통역 교사를 통해 다시 진료의 필요성을 설명드렸다. 세 번째 연락 즈음에야 아이는 병원에 다녀왔고, 내과에서는 특별한 이상은 없다며 약만 처방해 주었다고 했다. 그 이후 나는 보건실에서 아이에게 물을 주고, 쉬게 하거나 약을 주는 것만으로는 실질적인 도움이 되지 않는다는 생각이 들었다. 담임교사와 함께 아이의 생활 습관과 건강 상태에 대해 긴 대화를 나눴다. 아이는 아버지와 단둘이 살고 있었고, 아버지는 야간 근무를 마친 후 아침에 귀가하신다고 했다. 아이는 아침과 저녁 식사 모두 제대로 챙겨 먹지 못하고, 과자 등으로 끼니를 때우며, 급식도 소량만 먹고 자주 남긴다고 했다. 식사와 수면 습관이 좋지 않으니 오심과 두통이 반복되는 것으로 보였고, 또래보다 왜소한 키와 체중도 걱정이 되었다.

이후 나는 보건실에서 아침, 저녁 식사의 중요성에 대해 반복적으로 설명했고, 간식보다는 건강한 식사를 하도록 강조했다. 그런 말을 몇 번 반복해서 들은 탓인지, 어느 날 아이는 "아침 먹었어요"라고 먼저 말하기도 했다. 또한 처음에는 아이가 잠을 제대로 자지 못한 만큼, 보건실에서 잠깐이라도 자게 해 맑은 정신으로 수업을 받게 도와야 하지 않을까 생각했다. 하지만 담임교사와 논의 끝에, 오히려 낮에 열심히 생활하고 밤에 충분히 숙면하는 것이 더 올바른 생활 습관이라고 판단해 보건실에서의 수면은 허용하지 않기로 했다. 처음엔 과연 변화가 있을까 반신반의했지만, 아이와 조금씩 쌓아온 신뢰가 생활 습관을 바꾸는 힘이 되고 있음을 느낄 수 있었다. 그 결과, 매일 보건실을 찾던 아이는 점차 횟수가 줄어들었고, 일주일에 한두 번 정도로 방문이 줄었다. 한동안 아이가 오지 않자, '잘 지내고 있겠지?' 하며 걱정이 되던 어느 날, 급식실에서 작은 학생이 나를 껴안으며 "선생님, 안녕하세요"라고 서툰 한국어로 인사했다. 그 아이가 바로 그 학생이었다. 함께 있던 다른 아이들도 나를 반갑게 껴안으며 "보건 선생님, 안녕하세요"라고 인사했다. 당시 아이의 건강 문제를 2주 이상 문진하고, 학부모와 연락하며 담임교사와 논의했던 그 시간이 결코 쉽지는 않았지만, 아이의 따뜻한 인사에 모든 것이 보상받는 기분이었다.

오전 9시쯤, 1학년 다문화 남학생이 어떤 어르신의 손을 잡고 보건실에 들어왔다. 그분은 우리 학교 다른 학생의 할머니셨고, 아이가 학교 앞에서 혼자 울고 있어 보건실로 데려오셨다고 하셨다. 아이의 이야기를 들어보니, 등굣길에 세워져 있던 킥보드에 발이 걸려 넘어지며 눈썹 위 피부에 열상이 생겼다고 했다. 상처가 크진 않았지만, 얼굴 부위에 흉터가 남을까 걱정되어 담임교사에게 봉합 치료가 필요할 수도 있다고 설명했다. 담임교사는 학부모에게 연락했지만, 학부모는 병원에 데려가지 않겠다고 대답하셨다. 아이의 상처 사진도 보내드렸지만, 학부모는 "괜찮다"라며 하교 후에 아이를 집으로 보내달라고 하셨다. 다음 날, 담임교사는 여전히 병원에 데려가지 않은 상황에서 상처 관리를 어떻게 해야 할지 고민을 전해왔다. 다행히 큰 상처는 아니어서 매일 보건실에서 드레싱을 해주기로 했다. 드레싱을 하며 아이와 이야기를 나누었다. 아이는 "작년에 한국에 왔고, 엄마는 일이 있어 고향으로 잠깐 가셨고, 아빠는 밤에 일하고 낮에 잠을 자요."라고 말했다. 드레싱을 잘 해주어 상처는 아물었지만, 자세히 보면 약간의 흉이 남았다. 비록 눈에 띄지 않는 흉터였지만, 그 흉터를 보며 미안한 마음과 안쓰러움이 들었다. 첫 학교에서 근무하면서 나는 지금껏 몰랐던 환경을 많이 보게 되었다. 모두 아이가 부모의 돌봄 아래 안정된 삶을 사는 것이 아님을 알게 되었다. 나는 비교적 평범하고 안정적인 가정에서 사랑받으며 자랐고, 그런 배경 덕에 소외되지 않고 평범한 사회 구성원으로 자라올 수 있었다. 하지만 그런 돌봄을 받지 못하는 아이들도 있다. 이런 아이들에게 학교는 버팀목이 되어 주어야 하고, 특히 보건실은 마지막 보루 역할을 해 주어야 한다. 학업성취도가 낮아 수업 참여를 싫어하는 학생이 있다면 아이의 마음을 어루만져 힐링이 되는 보건실을 잠시 허락하여 수업 참여를 점진적으로 할 수 있도록 도와야 한다. 관계 어려움을 겪는 아이는 대화를 통해 마음의 짐을 내려놓는 것만으로도 큰 도움이 된다. 가정에서 돌봄이 어려운 아이일수록, 한마디 말도 더 따뜻하게 건네야 한다.

하지만 가장 중요한 것은 아이에게 '자신을 있는 그대로 바라봐주는 어른'이 필요하다는 점이다. 매일 몇 번씩 보건실에 오고, 수업 시간을 방해하더라도, 지금, 이 순간 아이가 어떤 상태인지, 어떤 마음인지 바라봐주는 어른이 있어야 한다. 모든 아이가 가정과 학교, 사회에서 좋은 어른들로 구성된 울타리 속에 있다면 참 좋겠지만 현실은 그렇지 않다. 그렇기에 적어도 학교에서는 그 역할을 해줘야 한다. 아이를 따뜻하게 바라봐주고, 힘든 마음을 들어주며, 해결 방법을 스스로 찾을 수 있게 도와주는 어른, 잘했다는 칭찬으로 아이가 한 걸음 더 나아갈 수 있게 도와주는 어른이 되어 주어야 한다. 그중 보건실은 아이들이 가장 쉽게 찾을 수 있는 '문턱이 가장 낮은 교실'이어야 한다. 가장 소외되고 위축된 아이가 찾아올 수 있어야 하는 공간이기 때문이다. 따라서 외롭고 소외된 아이가 망설임 없이 들어와 자신의 마음을 조금이라도 내려놓을 수 있는 공간을 만드는 것이 나의 작은 목표다. 그래서 부족한 나는 오늘도 보건실에서 따뜻함과 지혜를 배우고 있다. 아이들을 가르친다고 생각했지만, 아이들을 만나며 오히려 자신을 돌아보고, 부끄러움을 느끼며 내가 더 배우고 있다는 걸 깨닫는다. 나는 여러분들과 함께 아이들을 위한 따뜻하고 안전한 울타리를 만들어 나가기를 바란다.

너희가 있기에 내가
성장할 수 있다는 것을 깨달았어!

　교사는 가르치는 직업이기 때문에 끊임없이 배우고 성장해야만 한다. 부끄럽게도 나는 능동적인 학습자는 아니다. 어렸을 적부터 무언가를 배울 때 '남들이 다 하니까, 해야만 하니까'라는 이유로 귀찮아하며 눈치 보면서 억지로 배웠다. 내가 신규 교사일 때, 우리 교육청에서는 방학에 보건교사를 대상으로 응급처치 강사 교육과정 연수를 제공했다. 사실 교사가 된 후, 첫 방학을 연수로 모두 사용하는 것이 못내 아쉬웠다. 하지만 학교에서 의료인은 나 혼자였고, 응급상황에 대한 두려움은 항상 큰 부담이었다. 응급상황을 자신 없어 하는 보건교사를 둔 아이들에게 부끄러웠고 미안한 마음이 들었다. 다른 선생님들은 "신규의 첫 여름방학을 연수로 보내다니, 참 대단하다."라며 칭찬해 주셨지만, 나는 내 두려움이 부끄러워 억지로 연수를 신청한 것이다. 하루 8시간씩, 거의 한 달을 내내 앉아 연수를 받는 것이 처음엔 귀찮고 번거로웠다. 그러나 심폐소생술부터 일상에서 사용할 수 있는 붕대, 부목 적용 등 기초 처치 방법을 배우는 과정은 매우 값진 시간이었다. 덕분에 나는 보건교사로서 한층 성장했고, 그때 배운 내용을 지금도 잘 활용하고 있다. 솔직히 말하자면, 나는 늘 이런 식으로 성장해 왔다. '이 정도면 되겠지'라는 생각으로 아이들에게 다가갔을 때, 아이들의 눈을 보면 스스로 너무 부끄러워진다. 이 아이들을 잘 돌보라고 월급을 받는 입장에서, 적당히 일하려는 내 모습이 못내 미안해진다. 그래서 다시 배우고, 배우면서 나아간다. 결국 나는 아이들 덕분에 더 나은 사람이 되고 가고 있다.

보건교사로서 아이들 덕분에 나는 하루하루 성장한다. 응급상황에 대처하기 위해 응급상황 시뮬레이션을 머릿속에서 그려본다. 심지어 손가락에 밴드를 붙일 때도 밴드가 잘 떼어지지 않고, 아이들이 연필 잡는 데 불편함이 없도록 고민한다. 아직은 저 경력이지만 이러한 경험이 쌓이니 우스갯소리로 보건실 문을 열고 들어오는 아이의 표정을 보아도 꾀병인지, 진짜 아픈지 짐작할 수 있게 되었다. 특히 기억에 남는 사건이 있다. 신규 발령을 받은 지 한 달도 안 되었을 때였다. 1학년 다문화 학생이 입술 바깥쪽에 보라색 멍처럼 보이는 띠를 남긴 채 보건실에 왔다. 입학하고 한 달도 안 된, 우리말이 서툰 학생이었기에 통역 선생님의 도움을 받아 나는 문진을 시도했다. 아이의 말로는 입술을 포함하여 신체에 어떠한 통증도 없고, 언제부터 멍이 들었는지도 모른다고 했다. 열도 없었고, 다른 피부에도 이상한 병변은 보이지 않았다. 담임교사에게 확인하니, 수업 중 아이의 입술이 이상해 보여 보건실로 보냈다고 하셨다. 그때 약간의 의심이 들었다. 아이의 입술 바깥쪽 보라색 멍 띠가 너무나도 정갈한 동그라미 모양이었다. 병변이라고 보기엔 지나치게 깔끔했다. 혹시 음료병에 입술을 넣고 흡입해 생긴 압력 자국이 아닐까 싶어, '설마'라는 마음으로 인터넷에 검색해 보았다. 정말 그랬다. 아이도, 선생님도 다 같이 웃었다. 비슷한 일은 저학년 학생들 사이에서 매년 발생하며, 그때마다 다 같이 웃게 된다. 다행히 별일이 아니었지만, 나에게는 매우 당황스러운 경험이었다. 이 일을 계기로, 교과서나 연수로는 배울 수 없는 일들이 학교 현장에는 많다는 걸 실감했다.

응급상황이든, 예상치 못한 일이든 침착하고 의연하게 대처하려면 결국 공부밖에 없다는 사실을 다시금 느꼈다. 이번 방학에는 보건교사를 위한 응급의학과 교수님들이 출간한 책을 읽었다. 강의와 병행하며 읽으니 처치에 대한 자신감이 생겼다. 나는 지금도 보건실 책상 한쪽에 임용 고시 때 공부했던 응급 간호학, 책을 두고 자주 들여다본다. 아무리 아는 내용이라도 잊거나 헷갈릴 수 있기 때문이다. 또한 내 주변인들에게 미안하지만, 누군가 아팠다고 하면 세세하게 묻는 습관이 생겼다. 예를 들면 골절 같은 경우는 정도와 범위를 눈으로 알기 어려우므로 보건교사로서 항상 고민이 되는 일이다. 따라서 골절이 되어 깁스했거나 수술했다는 지인이 생기면 그때의 증상, 경과 등을 물어본다. 이런 노력으로 나는 보건교사로서 성장하고 있다.

아이들에게 재미있고 유익한 수업을 준비해야겠다고 다짐하게 된 사건도 있었다. 내가 근무했던 학교는 한국어가 익숙하지 않은 아이들이 많아, 초등학생 6학년 수준의 단어라도 일상에서 자주 접하지 않으면 이해하지 못하는 경우가 많았다. 보건 수업은 의학 용어가 많고, 일상에서 사용하지 않는 단어가 많아 아이들의 집중을 15분 이상 유지하기에 어려웠다. 그래서 동영상과 그림을 많이 넣어 아이들의 이해를 도왔고, 주로 체험 중심 수업을 준비했다. 예를 들어, '생활 속의 응급처치 수업'에서는 드레싱 실습을 했다.

드레싱 수업은 드레싱 세트로 포비돈, 거즈, 알코올 솜, 핀셋, 곡반, 상처 스티커, 지퍼백, 면봉, 항생제 연고를 대체한 보디로션 연고 등을 모두 준비해야 한다. 100명이 넘는 아이들이 모두 실습해야 하므로 한 반 수업을 할 시, 2인 1조로 10세트 이상은 만들어야 했다. 수업준비물 챙기는 것만 해도 한 시간이 걸렸고, 연달아 수업이 있을 때 재료를 다시 채워야 하니 번거로운 일이 많았다. 하지만 아이들은 자신에게 실제로 일어날 수 있는 상처 처치를 직접 배우고 체험하는 수업이기 때문에 무척 좋아했다. 나는 보건 수업 때마다 항상 활동지를 준비했고, 마지막에는 핵심 내용을 빈칸 채우기 형식으로 정리해 아이들이 직접 적어보도록 했다. 그러나 다문화 학생 중 일부는 한국어가 서툴다는 이유로 이름만 적고 내용을 적지 않으려 했다. 그래서 나는 쉬는 시간 종이 쳐도 아이들 옆에 서서 활동지를 작성하게 도왔다. 하지만 드레싱 수업을 할 때는 모든 학생이 빠르게 활동지를 작성했다. 그만큼 수업이 재미있고 관심이 있었다는 뜻이다. 평소 활동지를 잘 쓰지 않았던 친구가 수업 후 보건실로 따라와 드레싱 세트를 빌려달라고 했다. 서툰 한국어로 "지금까지 학교에서 받았던 수업 중 가장 재미있었다."라며 집에서 연습하고 싶다고 말했다. 그 아이의 피드백을 들으니, 나의 고생이 헛되지 않았다는 생각에 참 기뻤다.

수업 준비는 교사가 얼마나 준비하느냐에 따라 아이들의 학습 목표 도달 정도, 관심 정도의 반응이 다르다. 특히 보건 수업은 시험이 없고, 매일 있는 수업도 아니기 때문에 흥미 유발이 매우 중요하다. 물론, 단순한 흥미가 아닌 교육적 효과를 함께 담아야 한다. 따라서 아이들의 동기 유발을 위해서라도, 일상생활에 밀접한 수업 자료를 찾는 것이 중요하다. 교과서로만 수업을 진행하면 실생활과 연결이 어렵고 아이들의 관심도 떨어진다. 반면 실생활에 바로 적용할 수 있는 내용은 아이들의 수업 목표 도달 정도를 확인할 시간만 충분히 확보하면 오히려 목표 도달 여부를 더 쉽게 확인할 수 있다. 하지만 나는 작년부터 혼자 수업 준비를 하는 것에 어려움을 느꼈다. 그래서 올해부터는 교육청의 보건 수업 전문적 학습 공동체에 참가하려 한다. 나보다 경험이 많고 풍부한 아이디어를 가진 선생님들과 함께하면, 나 역시 교사로서 한층 더 성장할 수 있을 것이라 믿는다.

교사란 자기 연찬을 할 수 있는 좋은 직업이다. 자기 연찬이란, 자신을 갈고닦으며 꾸준히 노력하여 발전시킨다는 의미이다. 학교와 교육청에서는 교사들의 자기 연찬을 위한 다양한 연수를 제공하고 있으며, 대부분 무료이거나 저렴하다. 학교 도서관에서도 학기마다 필요한 책을 신청할 수 있다. 또한 연수 신청을 할 시, 연수에 대한 일정 금액의 재정지원도 받을 수 있다. 하지만 교사의 성장은 결국 자기 선택이다. 가르치는 일을 직업으로 삼았기에 성장의 기회는 많지만, 그 결과는 학생의 변화라는 형태로 드러나기에 눈에 잘 보이지 않는다. 또한 성과는 교사가 맡은 역할에 따라 다르므로 단순히 수치로 평가할 수 없다. 그래서 교사 스스로 아이들에게 부끄럽지 않기 위해, 더 나은 모습을 보여주기 위한 성장의 태도가 필요하다. 특히 보건교사는 학교 내 유일한 의료인으로서, 응급상황에서 작은 실수가 아이의 생명과 직결될 수 있기에 특히 처치 업무에 대한 전문성은 꾸준히 길러야 한다. 나는 앞으로도 이 아이들 덕분에 성장할 것이며, 그 성장을 아이들과 함께 나누고 싶다.

언제든 준비되어야 하는 보건실

지금은 3월 첫째 주로, 나는 새 학기 보건실을 운영하고 있다. 이번에는 학교를 옮기게 되어 새 보건실에 적응하고 있다. 가장 먼저 작년까지의 요양호자 학생을 파악했고, 응급 물품을 점검했다. 올해의 요양호자를 선정하는 건강조사서는 아직 취합되지 않았기에, '건강조사서가 모일 때까지 아무 일도 없어야 할 텐데'라는 마음 한편에 두려움이 크다. 사실 나는 매 학기가 시작하기 전마다 '이번 학기도 무탈하게 지나가게 해주세요.'라고 기도를 한다. 이 '무탈하게'라는 뜻은 응급상황이 벌어지지 않기를, 혹은 벌어지더라도 내 능력 안에서 해결할 수 있기를 바란다는 의미다. 일반적인 업무나 인간관계에서의 실수는 보통 다른 사람의 인생에 큰 영향을 미치지 않는다. 하지만 응급상황은 한 학생의 생명과 인생, 그리고 한 가정이 달려있을 수 있다. 그래서 나는 지금도 응급상황이 두렵다. 학교에서 의료인은 나 혼자뿐이고, 그 순간만큼은 나 하나의 판단으로 이 학생의 인생이 달려있다고 생각하기 때문이다. 실제로 학기마다 1~2번 이상의 응급상황이 발생한다. 이런 일을 겪을 때마다, 또 다른 보건교사의 여러 응급상황 사례를 들을 때마다 걱정과 긴장은 더욱 커진다.

물론 실제 응급상황에서 나는 침착하게 잘 대응한다. 현명하고 침착한 대처 능력은 보건교사 경력이 한 해 한 해 늘어날 때마다, 응급상황을 경험할 때마다 향상되고 있다는 것을 느낀다. 하지만 이러한 대처 능력은 경험으로만 얻어진 것이 아니며, 철저한 '준비'를 통해 향상되었다고 생각한다. 아이들의 건강 정보를 얼마나 세밀히 파악했는지, 응급 물품을 얼마나 체계적으로 정리해 두었는지, 그리고 다양한 응급상황을 얼마나 시뮬레이션해 보았는지가 나의 대처를 좌우한다. 그래서 보건실은 언제나 준비되어 있어야 한다.

신규 발령을 받고 한 달쯤 지났을 때, 아나필락시스 응급상황을 겪은 적이 있다. 2학년 다문화 학생은 평소 알레르기가 많았는데, 건강조사서에 표시하지 않았던 밥 안의 곡물 때문에 알레르기 반응이 발생한 것이다. 급식 후 담임교사가 아이들을 데리고 가던 중 증상이 나타나 곧바로 나에게 전화를 주었다. 다행히 나도 급식실에서 식사 중이어서 바로 아이에게 달려갈 수 있었다. 이미 나는 건강조사서를 받아 아이의 얼굴과 알레르기 병력을 알고 있었고, 이전에 알레르기 반응으로 약한 호흡기 증상이 있다는 것도 기억하고 있었다. 아이는 한국어가 서툴러 자신의 증상을 명확히 설명하지 못했지만, 울음소리와 표정, 몸짓을 통해 호흡곤란과 어지러움을 겪고 있음을 알아챘다. 나는 즉시 119에 신고했다. 아나필락시스 의심 증상 같다고 설명하니, 도착할 때까지 딱 5분이 걸렸다. 그 짧은 5분 동안 나는 긴장된 상태로 아이에게 집중을 쏟았다. 아이가 걸을 수 없는 상태였기에 벽에 기대어 앉힌 뒤 최대한 호흡을 도왔다. 입고 있던 상의 단추를 살짝 풀어주었고, 저혈압에 대비해 다리를 살짝 들어주었다. 2학년인 아이에게는 이 상황 자체가 너무나 무서웠는지 계속 울었고, 나는 놀란 마음을 숨기며 아이를 진정시키려 노력했다. 혹여나 산소포화도가 떨어질까 함께 호흡하며 아이의 공포를 조금이나마 줄여주려 애썼다. 곧 119가 도착했고, 나는 아이와 함께 응급실로 이동했다. 아이 부모님이 도착할 때까지 아이 곁을 지키며 처치를 지켜봤고, 보호자께 인계

한 뒤 학교로 돌아왔다. 나는 학교로 돌아온 뒤에서야 긴장이 풀리며 안도의 눈물이 났다.

보건교사로서 응급상황은 언제든지 발생할 수 있을 것이라 예상은 했지만, 신규 발령을 받고 한 달 만에 아나필락시스를 경험할 줄은 몰랐다. 이이 일을 겪으며 요양호자 조사를 꼼꼼히 한 것이 얼마나 중요했는지 실감했다. 내가 근무하던 학교는 다문화 학생이 많아 학부모가 자국어로 건강조사서를 작성하는 경우가 많았다. 그래서 조사 내용을 한국어로 번역하고, 질병과 알레르기 등 특이한 증상을 파악하는 데 시간이 오래 걸렸다. 또한 학부모님과 상담 할 때도 언어가 통하지 않아 교무실에 올라가 통역 선생님 도움을 받아야 했고, 상담만 3주 넘게 걸리기도 했다. 그 덕분에 이번 응급상황에서 적절히 대응할 수 있었다. 보건교사는 언제든지 준비되어 있어야 한다. 특히 학기 초에 요양호 조사를 꼼꼼히 해야지 1년을 안심할 수 있다. 건강조사서 한 장 한 장을 살펴보며 아이들의 질병, 복용 약, 알레르기 등을 확인하고, 학부모님께 전화해 아이의 현재 건강 상태가 어떤지, 과거에는 어땠는지, 보건실에서 유의해야 할 상황이나 원하는 처치가 있는지를 확인해야 한다. 또한 보건교사는 해당 아이의 얼굴을 잘 알고 있어야 한다. 그리고 담임교사뿐 아니라 체육·전담 교사 등 아이들을 돌보는 모든 교직원이 요양호 학생의 상황을 알고 있어야 한다. 모든 응급상황을 예측할 수는 없지만, 발생 가능성 있는 상황을 대비한다면 훨씬 안정적으로 대응할 수 있다.

　나는 새로운 학교에 전입해 교직원들의 얼굴을 익히는 중이다. 많은 분이 교실이나 실에 놀러 오라고 하시지만, 나는 보건실을 비우는 것이 불안해 쉽게 자리를 비우지 못한다. 아무리 짧은 시간이라도, 혹시나 하는 불안감 때문이다. 내가 잠시 자리를 비운 사이 응급상황이 발생하면 대처가 늦어질 수도 있다는 생각이 들기 때문이다. 그런 일은 쉽게 발생하지 않으리라는 것도 알지만, '혹시나'라는 생각에 보건실 밖을 잘 나가지 않는다. 아마 많은 보건교사가 같은 마음일 것이다. 새로운 곳에서 소속감을 느끼고 싶고, 학교 구성원들과 잘 지내고 싶다는 마음이 크다. 특히 보건 업무는 모든 교직원과 협업해야 하기에, 친밀한 관계는 큰 도움이 된다.

　학교에서의 응급상황은 언제, 어떻게 발생할지 모른다. 출근 직후, 보건 수업 중, 점심시간 중 등 예상치 못한 순간에 벌어지기 때문에 항상 대비해야 한다. 언제든 뛰어나가야 하기 때문이다. 그래서 나는 항상 보건실에 있고, 잠시 자리를 비울 때는 보건실 문

앞에 내가 어디에 있는지를 표시한 팻말을 걸어둔다. 1분을 나가더라도 핸드폰을 항상 가지고 다니며, 꼭 진동으로 설정해 언제든 전화를 받을 수 있게 한다. 응급상황을 대비하기 위해 나는 정기적으로 시뮬레이션을 한다. 우리 학교 학생들이 가진 질병 중에서 발생할 수 있는 응급상황, 일반적인 응급상황(심폐소생술, 하임리히법, 저혈당 등)을 매주, 적어도 2~3주에 한 번씩 상상하며 준비한다. 또한 보건교사를 위한 응급처치에 관련 연수가 열리면 특별한 사정이 없으면 반드시 참여해 지식을 보완한다.

보건실은 언제나, 그리고 무조건 준비되어 있어야 한다. 가끔은 '내가 과연 이 일을 해낼 수 있을까'하는 생각이 들 때도 있고, 아무 생각 없이 일하다가 문득 불안감이 엄습할 때도 있다. 하지만 어쩔 수 없다. 이 직업을 선택한 순간, 응급상황에 대한 책임은 오롯이 나의 몫이 된다. 도움을 받을 수 있다면 감사하겠지만, 결국 책임자로서 내가 대응해야 한다. 그렇기에 나는 더욱 꼼꼼히 준비하려 한다. 요양호자 선별과 상담을 철저히 진행해 응급상황을 예측하고, 건강 정보를 바탕으로 학생에게 맞는 처치를 고민해야 한다. 또한 보건실을 비울 때는 반드시 위치를 명시하고, 응급 물품과 자동심장충격기를 주기적으로 점검해 즉시 사용할 수 있도록 유지해야 한다. 그리고 지금까지 공부한 내용을 바탕으로 혼자 시뮬레이션 하며 응급상황을 대비하는 것이 필요하다. 학교의 유일한 의료인으로서, 우리는 위급한 순간 119가 도착해 병원으로 가기 전까지 '학교의 유일한 병원'의 해야 한다. 준비하는 것만이 우리의 유일한 방법이다.

흔들리지 않는 보건교사가 되는 법

‘흔들리지 않는 보건교사가 되는 법’이라는 제목을 정하고 글을 어떻게 써야 할지 정말 많이 고민했다. 그 이유는, 나 자신도 여전히 흔들리고 있는 보건교사이기 때문이다. 심지어 저번 주에도 교직원 한 분의 사소한 말에 내 마음은 상처받고 속상해하며 어김없이 흔들렸다. 평소 같았으면 대수롭지 않게 넘겼을 말이지만, 새 학교에서 아직 모르는 분들에게 듣는 말이라 더 날카롭게 느껴졌다. 아니면 학기 초의 많은 계획서와 해야 할 많은 업무로 인한 부담감 때문에 더 크게 다가왔을지도 모르겠다. 하지만 이런 순간마다 나는 스스로 마음을 다잡으려 노력한다. 현재 이런 흔들리는 마음은 나만 갖는 것은 아니라고 생각하며 마음을 추스른다. 학기 초, 3월은 나 말고도 많은 교사들이 흔들리는 시기이며, 보건교사는 혼자이기 때문에 더욱 흔들릴 수밖에 없는 달이라고 나 자신을 위로하며 응원한다. 누군가는 정신 승리라고 말할지도 모르겠지만, 나 자신을 일으키기 위한 주문이다. 분기마다 지역에서 갖는 보건교사의 모임이 있다. 그 자리에서 이런 고민을 털어놓으면, 경력이 많은 선생님들께서 "내 나이가 돼도 흔들려요. 아마 정년이 다 되어도 흔들릴걸요?"라며 웃으며 위로해 주신다. 그렇다, 나는 선생님 말씀대로 아마 정년이 다 되어도 여전히 흔들릴 것이다. 따라서 아직 흔들리고 있는 보건교사이지만, 흔들려도 다시 중심을 잡을 수 있는 두 가지 방법에 관해 이야기하고 싶다.

우선 '뭐든지 잘해야 한다는 완벽함을 내려놓고, 중요한 일부터 처리하자'라는 것을 말하고 싶다. 요즘 주변 초등학교 보건실 방문자 수를 보면 학생 인원수에서 약 5~10%의 학생들이 방문한다. 700명의 학생 수이면 하루에 35~70명이 보건실을 방문한다는 것이다. 이 아이들이 간단한 찰과상으로 오는 학생들이라면 다행이겠지만, 119를 불러야 할 정도의 응급상황이나, 응급이 아니더라도 골절 등으로 인해 부모님이 오셔야 하는 상황이 하루에 한 번씩은 꼭 발생한다. 이런 상황이 생기면 진이 다 빠지고, 그날은 아무런 힘이 남아 있지 않아 업무를 하기도 쉽지 않다. 하지만 우리 보건교사는 이러한 무거운 처치 업무뿐 아니라 수업도 해야 한다. 수업하고 10분의 짧은 쉬는 시간에 다시 보건실에 내려와서 아이들을 돌보고, 다시 종이 울리기 전에 뛰어가 수업에 들어가야 한다. 이렇게 처치하다 보면 문진도 급하게 하게 되고, '한 명 한 명을 돌본다'라는 의미보다는 '아이들의 요구를 빨리 처리한다'라는 의미로 아이들을 대할 때도 많다. 이렇게 아이들의 문진을 정확히 하지 못했다는 죄책감, 아이들을 돌보다 수업에 늦었다는 미안함이 뒤섞여 마음이 무거워진다. 게다가 해마다 늘어가는 행정 업무는 우리에게 가장 큰 압박감이자 부담이다. 행정 업무로 인한 체력 소모뿐만이 아니라, 교직원 간의 오해와 서운함으로 이어지기도 하여 정신적인 소모도 크다. 보건교사가 존재하는 이유는 응급 상황에 올바르게 대처하고, 공부하다가 몸과 마음이 다친 아이들을 돌보기 위해서인데, 지금은 주와 부가 바뀌어버린 듯한 현실이 안타깝다.

간호학과를 졸업한 우리는 '완벽하게 모든 업무를 다 해야 한다.'라는 생각을 무의식적으로 가지고 있다. 간호사라는 직업 자체가 사람 생명을 다루는 직업이기 때문에, 실수 없이 빠르고 정확한 판단과 행동이 요구된다. 하지만 우리가 일하는 학교는 조금 다르다. 모든 일을 급하게 처리하지 않아도 된다. 중요한 일부터 하나씩 처리해도 되고, 중요하지 않은 일들은 조금 늦게 처리해도 전혀 문제가 되지 않는다. 물론 실수하지 않으면 좋겠지만, 행정 업무에서 실수가 생기더라도 수정하고 다시 하면 된다. 그러니까 처치, 수업, 행정 업무 등, 이 모든 것을 다 완벽하게 한 번에 하려고 하지 말자. 가장 중요한 일부터 하나씩 처리하면, 어느새 다른 것들도 자연스레 해결된 것을 확인할 수 있을 것이다.

'외로움을 견디는 법을 배우자'라고 여러분께 말하고 싶다. 이는 3월의 현재 나 스스로 하는 말이기도 하다. 새로 학교를 이동한 교사들은 3월이면 모두 외로움이라는 감정을 품고 출근할 것이다. 하지만 학교에 1명 있는 보건교사에게는 외로움이라는 감정은 더욱 깊다. 물론 혼자서 업무를 추진할 수 있다는 장점도 있다. 하지만 낯선 학교, 낯선 동료들이 있는 곳에서 모든 일을 혼자 결정한다는 것은 어느 정도 눈치가 보이고 외로움이 커질 수밖에 없다. 가끔 애매한 업무 분장과 같은 곤란한 상황에 생기면 소외감과 외로움은 배가 된다. 물론 나의 이러한 마음을 알아주는 보건교사 동료들이 있다. 하지만 학교마다 사정이 다르므로 나의 마음을 온전히 공감해 주고 완벽한 해결책을 줄 수는 없다. 또한 학교에서도 나의 마음을 알아주는 사람들이 분명히 있다. 하지만 업무에서의 결정과 학교에서의 외로움 극복은 오로지 나, 보건교사의 몫이다.

이러한 외로움을 이겨내는 첫걸음은 '외로움을 인정'하는 것이다. 보건교사는 대부분 학교에 1명, 큰 학교는 2명이다. 즉, 우리의 일들은 정해져 있고 우리만 아는 일이기에 다른 구성원들은 관심을 두지 않으면 우리가 무슨 일을 하는지, 얼마나 많은 일을 하는지 알 수 없다. 우리조차도 우리의 일을 하느라 바빠 다른 사람들의 일을 잘 모르고, 관심조차 없기도 하다. 서로 잘 모르기 때문에, 때때로 아무 생각 없이 건넨 말이 상처가 되기도 한다. 그러니 너무 신경 쓰지 말고, 외로움을 그대로 받아들이자. 우리의 업무 특수성을 인정하고, 스스로 돌보자. 하지만 외로움은 인정하되, 보건실 문을 열고 밖에 나가보라고 말해주고 싶다. 사람은 결국 정으로 사는 존재이다. 따뜻한 말을 나누고, 함께 먹을 것을 나누다 보면 정이 쌓이고, 관심도 쌓이게 된다. 그러면 서로를 이해하게 된다. 학교는 사람을 위한 공간이기에 더욱 그렇다. 이렇게 정을 나누게 되면 외로움은 자연스레 줄어든다. 또한 보건실 밖을 나가면 학교의 사정과 다른 사람들의 어려움이 보인다. 즉, '나만 외로웠던 것은 아니구나'라는 사실을 깨닫게 된다. 모두 각자의 업무 속에서 나름의 고충과 외로움을 안고 살아간다. 그리고 사람들과 정을 나누고 친해지다 보면, 그 사람의 성격을 이해하게 되고, 이 전에는 차갑게 느껴졌던 말도 아무렇지 않게 느껴질 수 있다. 따라서 외로움을 인정하되, 보건실 안에만 고립되지 말자.

어떤 시인의 시집에서 '흔들리지 않고 피는 꽃이 어디 있으랴'라는 구절이 있다. 다만 흔들리기만 하자. 꺾여서 다시 일어나지 못할 정도로 우리 자신을 스스로 아프게 내버려두지는 말자. 그러기 위해서는 우리 자신을 보호할 줄 알아야 한다. 학교는 잘 돌아간다. 그러므로 중요한 일을 먼저 처리하고, 나머지 일은 나를 챙기며 해도 괜찮다. 이렇게 일을 하면 업무에 대한 압박감과 부담감이 줄어들고, 오히려 웃으면서 더 효율적으로 일할 수 있게 된다. 그리고 외로움을 인정하고 그 안에서 견디는 방법을 배우자. 우리의 업무 특수성을 인정하고 현 상황을 받아들이자. 내가 처한 상황을 벗어나려 애쓰는 것도 좋지만, 그 상황을 인정하고 그 안에서 내가 지내는 방법을 찾는 것도 좋은 방법이라고 생각한다. 따라서 외로움을 인정하되, 보건실 문을 열고 나가 보건교사 간, 학교 구성원 간 서로의 이야기를 들으며 공감할 수 있는 시간을 만들어 보자. 누구나 흔들리는 순간이 있고, 그 흔들림을 나누는 것만으로도 큰 위로가 된다. 완벽하지 않아도 괜찮다는 말, 잘하고 있다는 말 한마디가 그 어떤 조언보다도 큰 힘이 된다. 힘들면 옆의 누군가에게 말을 건네보았으면 좋겠다. 이렇게 말해도 우리는 또다시 흔들릴 것이다. 하지만 계속 흔들려도 괜찮다. 중심만 잃지 말고, 다시 일어서면 된다.

배움으로 빛나는 보건교사의 길

임용 고시생 시절, 수험생이라면 누구나 그랬겠지만, 나는 간절하게 보건교사 임용 고시에 합격하기를 바랐다. 적어도 그때는 교직 생활은 나에게 닿을 수 있을 것 같지만 쉽게 닿을 수 없었던 꿈이었다. 그렇게 바랐던 합격을 이루고 시간이 지나자, 뜻밖의 씁쓸함이 찾아왔다. 사회에서 사람들은 나의 직업에 대해 "제가 학교 다녔을 때 양호 선생님 맞으시죠?", "꿀 직업이네요", "부럽네요'"라고 말하곤 했다. '실제로 내가 편했으면 이렇게 억울하지는 않았을 텐데'라는 생각이 들어 씁쓸했다. 처음에는 이런 말에 속상하기도 했지만, 지금은 웃으면서 설명한다. "요즘은 보건실 방문자 수도 예전보다 훨씬 많아졌고, 보건 수업도 하고, 건강 사업 등 행정 업무가 많아서 생각하시는 것만큼 편하진 않아요." 이렇게 설명하면, 어쩌면 무례하게 질문을 건넨 사람도 미안한 마음에 "자기도 잘 몰랐다"라며 이해를 표하곤 한다. 또 가끔은 "보건교사도 시험을 봐요?"라고 묻는 사람도 있다. 처음엔 간호학과에서 교직 이수를 받으려면 성적이 매우 좋아야 하고, 교직 이수를 받은 사람들끼리 경쟁해 임용시험을 치르기 때문에 임용 고시 합격이 매우 어렵다는 것을 설명하는 것이 부끄러웠다. 왠지 내 자랑처럼 들릴까 봐서였다. 하지만 요즘은 이런 부분을 설명해야 한다고 생각한다. 사람들은 몰라서 그런 질문을 하는 것이고, 우리가 계속 설명하고 이야기를 한다면 나중에 내 후배들은 이런 질문을 듣지 않아도 될 것이다.

시대가 바뀌면서 보건교사의 중요성, 보건교육의 중요성은 점점 더 대두되고 있다. 특히 코로나19라는 큰 감염병을 겪으며, 보건교육의 중요성은 일반인들도 공감하게 되었다. 이럴 때일수록 보건교사는 배워야 하고, 배움을 통해 우리의 존재 의미를 찾아야 한다고 생각한다. 또한 '사람들이 우리도 중요하다는 것을 알아주겠지'라고 기대하는 것이 아니라, 우리 스스로 자부심을 느끼고 "우리가 중요하다"라고 말할 수 있어야 한다. 한국 문화에서 겸손은 미덕으로 여겨지지만, 표현하지 않으면 아무도 모른다. 그러니

'왜 아무도 알아주지 않을까'라고 서운해하기보다는, 우리 스스로 중요하다고 말하고 표현해야 한다.

임용 고시를 준비할 때는 아이들을 위하는 따뜻한 교사가 되겠다고 다짐하며 보건교사로서 부푼 꿈을 가졌다. 하지만 합격하고 나니, 나의 다짐이 무뎌진 것인지 현실이 녹록지 않은 것인지, 점점 무미건조한 교사가 되어가고 있었다. 내가 말하는 무미건조한 교사란, 근무시간이 끝나기만을 기다리며 이 직업을 '유지해야 하는 현실적인 이유'만을 찾는 상태를 말한다. 사실 무미건조한 교사가 되려고 한 이유는, 이 일을 하면서 너무 실망하지 않기 위해 스스로 택한 방식이었다. 학교에서 보건 업무는 오롯이 보건교사 혼자 감당해야 하므로, 이 일의 고충을 알아달라고 쉽게 말하기 어렵고, 어려운 일에 대해 의논하거나 고민을 털어놓기 쉽지 않다. 좋은 동료들이 곁에 있었음에도, 나는 학교의 보건교사라는 외로운 자리에서 점차 내 목소리를 내는 법, 이 직업의 의미를 찾는 방법을 잊어가고 있었다. 결국 이 직업의 가치보다는, 단지 이 직업을 유지해야 할 이유만 찾기에 급급해졌다. 결혼 후 육아를 하기에 좋고, 방학이 있다는 장점만을 계속 되새겼다. 그런 나에게 1급 보건교사 연수는 생각의 전환점이자 성장 기회를 주었다. 나보다 먼저 이 길을 걸은 선배 보건교사들의 강의는 그 자체로 값진 경험이었다. 그들은 나처럼 외로움을 느끼면서도, 처음에 교단에 섰을 때 보건교사의 의미를 되새기며 동료 교사들과 처치 및 수업을 나누며 끊임없이 배우고 있었다. 그 옆에서 함께 강의를 듣는 동료들 또한 이 연수에 감사하며 자신을 성장시키려 애쓰고 있었다. 이를 보며, 이 직업의 단점만 보며 투정하는 나 자신을 반성했다. 모든 직업에는 장단점이 있다. 하지만 나는 이 직업을 간절하게 원했으면서도, 단점만을 유심히 보며 자신의 발전을 멈추고 있었다. 따라서 열심히 하는 동료들을 보며 부끄러움을 느꼈고, 다시 성장하고자 하는 동력을 얻었다.

1급 보건교사 연수를 듣고 배우고 성장해야 하는 이유를 깨달았다. 그 이유는 '오로지 나를 위해서'였다. 처음에 '교사니까', '아이들을 위해서' 성장해야 한다고 생각했다. 하지만 그보다 먼저, 나 자신이 행복하기 위해 성장해야 했다. 나는 이직을 하지 않는 이상 이 직업을 앞으로 몇십 년간 이어가야 한다. 그런데 단지 먹고살기 위한 수단으로만 생각하고, 퇴근 시간만을 기다리는 교사가 된다고 하니 오히려 무기력해졌다. 내가 실망하지 않기 위해 무미건조한 교사가 되겠다고 마음먹었지만, 이러한 생각은 오히려 나 자신을 더욱 우울하고 초라하게 만들었다. 나는 내가 행복하기 위해 이 직업에서 직업의 의미를 찾아야 했다. 그리고 1급 보건교사 연수에서 이 의미를 찾을 수 있었다. 그 의미는 매우 단순했다. '난 아이들이 좋아서, 이 아이들을 보면 내가 에너지를 얻고 행복해서'라고 결론을 지었다. 그리고 이 직업 말고 '내가 무엇을 하면 행복할까'라고 생각해 보니 딱히 떠오르지 않았다. 나는 이 직업이 나에게 잘 맞았고, 어느 순간부터 이 일이 나의 자부심이 되었다.

퇴근 후, 동료 보건교사에게 전화를 받을 때가 있다. 며칠 전 받았던 전화는 처치에 대해 죄책감과 부족함을 토로하는 이야기였다. 한 학생이 팔을 다친 상황이었고, 골절이 의심되어 부목을 해 준 뒤 부모님께 병원 진료를 안내했다고 한다. 하지만 학부모님은 직접 학교에 오기 어렵다며 아이를 병원에서 만나겠다고 하셨고, 학생이 중학생인지라 혼자 병원에 갈 수 있다는 말에 동료는 아이를 혼자 병원에 보냈다. 그리고 퇴근 후 담임교사에게 전화를 받고 알게 된 사실은, 아이가 수술이 필요한 상태라 큰 병원으로 옮겨 입원했다는 것이었다. 동료는 "바로 큰 병원으로 보냈다면?", "아이와 함께 병원에 가야 했던 건 아닐까?"라며 자책했다. 문진도 잘했고, 부목 처치도 적절했고, 학부모님이 감사하다고 했음에도, 더 잘하지 못한 점만 떠올리며 자신을 탓했다. 이런 상황이 있을 때마다 보건교사가 무미건조한 교사가 되려는 것조차 큰 용기가 필요한 일이라는 생각이 든다. 이러한 상황들이 우리를 무미건조한 교사로 머물게 하지 않고, 어떻게든 성장하게 만든다.

우리를 이렇게 성장하게끔 하는 원동력은 바로 '책임감'이라고 생각한다. 보건교사는 학교에서 유일한 존재이기에, '내가 실수해서는 안 된다'는 마음으로 모든 일에 최선을 다한다. 이미 충분히 잘하고 있음에도 "정말 잘하고 있는 걸까?"라는 의문 속에 스스로를 점검하고, 동료들과 조언을 나누며 성장한다. 때때로 현실에 치여 무기력해질 때도 있지만, 결국 우리는 다시 힘을 내서 앞으로 나아가려 한다. 다시 용기를 내는 이유도 우리가 맡은 일에 대한 책임감에서 비롯된다.

현대사회의 발전에 따라 보건교사에게 요구되는 역할은 점점 늘어나고 있다. 감염병의 다양화로 인해 감염병 교육은 필수가 되었고, 저출산 시대로 인해 아이들 한 명 한 명의 건강이 더욱 중요해졌다. 이런 상황에 보건교사의 어깨는 무거워지고, 한숨이 나올 때도 있다. 하지만 나 자신을 위해 '이 직업이 내게 어떤 의미가 있고, 내가 어떻게 임해야 하는지'를 생각해보면, 결국 우리는 '보건교사는 어쩔 수 없이 성장할 수밖에 없는 직업'이라는 결론에 다다르게 된다. 현재 처한 상황에 불만을 품고, 무미건조한 교사로 일하게 되면 결국에 나 자신이 더 무기력해지기 때문이다. 그렇다고 해서 우리를 벽으로 몰아세울 만큼, 지치게 해서는 안 된다. 성장이라는 숙명 속에서도, 나를 살피며 성장해야 한다고 믿는다. 여전히 부족한 나는 지금도 동료 보건교사와 선배들에게 조언을 구하고, 조금씩 배우고 있다. 그리고 지금 이 글을 읽는 여러분에게 이렇게 말하고 싶다. "배움으로 빛나는 보건교사의 길을 함께 걸어갑시다."

쉬운 아이 없고, 어려운 어른 많다

이솝우화에 〈해님과 바람〉 이야기가 있다. 해님과 바람은 누가 힘이 더 센지 내기했다. 내기 방법은 한 나그네가 지나갈 때 누가 먼저 그 나그네의 옷을 벗기느냐였다. 바람은 기고만장하며 당연히 자신이 이길 거로 생각했다. 힘껏 바람을 불자, 오히려 나그네는 옷을 더 꽉 부여잡았다. 하지만 해님이 따스하게 햇살을 비추자, 나그네는 스스로 옷을 벗었다. 이 유명한 이야기는 모두 잘 알고 있을 것이다. 어렸을 때 들었던 교훈을, 보건교사가 되고 난 후 더욱 깊이 깨닫게 되었다. 보건교사는 학교의 모든 구성원을 만나며, 이들의 협조를 끌어내야 하는 직업이다. 어른, 아이 상관없이 학교의 가장 많은 사람을 마주하는 자리이다. 그렇게 많은 사람을 만나며 '쉬운 아이 없고, 어려운 어른 많다.'라는 것을 자연스럽게 느낀다. 개인의 성향도 다르고, 살아온 배경도 제각각이기 때문이다. 그런데도 내가 선택한 직업이기에, 나는 이 사람들의 협조를 끌어내며 맡은 임무를 다해야 한다.

주변을 보면 보건교사뿐 아니라 다른 교직원들도 해님 또는 바람 중 하나를 선택하신다. 5년 차가 되는 시점, 나도 선택했다. 나는 '해님'을 택했다. 한번 보는 인연이 아니라 계속 이어질 인연이라면 그 사람들을 내 편으로 만드는 것이 더 낫다고 생각했다. 사실 앞의 말은 핑계이고 바람처럼 무섭게 교직 생활할 자신이 없었다. 나는 사람을 끌어당기며 휘어잡을 능력도 없고, 다른 사람에게 부정적인 피드백이 들릴 시 쉽게 상처받는 성향이기 때문이다. 그래서 나는 '해님 보건교사'로 살기로 했다.

학기 초, 1학년들은 보건실의 단골손님이다. 보통 한 달이면 적응하는 편인데, 한 친구는 4월이 되어도 보건실을 하루에 2~3번은 왔다. 보건실에 오는 이유도 참 다양했다. 눈이 가렵고, 배가 아프고, 머리가 아프다는 둥, 마치 걸어 다니는 종합병원 같았다. 처음에는 "수업 시간에 이렇게 보건실에 자주 오면 수업을 못 들어요. 쉬는 시간에만 오도록 해요.", "내일은 보건실에 1번만 오기로 약속해요."라고 하며 아이를 타일렀지만, 아이는 그때마다 대답만 잘했다. "조금만 참고, 아프면 다시 와요. 그땐 약 줄게요."라고 말하면 다시 찾아와 플라세보 유산균(심리적 효과를 주는 가짜 약)을 받았다. 플라세보 유산균은 또 효과적이었는지, 약을 받은 후에는 보건실에 오지 않았다. 4월 중순까지 플라세보 방법을 함께 사용하며 시간을 보냈지만, 더 이상 이렇게 지낼 수는 없을 것 같아 아이의 어머님께 전화를 드렸다. "보건이가 요즘 컨디션이 많이 안 좋은 것 같아요. 눈이 매우 간지럽다고 하는데 알레르기약을 넣어주면 조금 괜찮아질까요?"라고 말하며 조심스레 이야기를 시작했다. 어머님께서는 아이가 보건실을 자주 간다는 사실을 이미 알고 계셨고, 학교 적응이 어렵다는 사정을 공유하며 나에게 양해를 구하셨다. 이때부터 나는 '해님 정책'을 아이에게 적용했다. 아프다는 표현에 이렇게 말했다. "보건이가 요즘 컨디션이 안 좋구나. 그래도 이렇게 나와서 공부하려 했네. 대견하다! 한 번만 참아볼래? 다시 아프면 언제든지 보건실 와도 좋아" 목소리를 한층 더 따뜻하게 한 것이다. 그러자 플라세보 주는 횟수도 줄었고, 보건실에 오던 발걸음도 줄었다.

　나는 따뜻한 접근만이 아이가 학교에 적응하는 유일한 길이라고 생각했다. 아이는 정말로 공부 시간에 몸이 아팠을 수 있다. 전

날 밤에 학교 가기 싫다고 울고, 아침에는 긴장하며 학교에 오는 것이 매우 괴로웠을 것이다. 그런데도 작은 몸을 이끌고 억지로 의자에 앉아 있다는 것이 참 대견했다. 그래서 아이에게 보건실은 "힘들 때 와도 괜찮아, 하지만 우리 조금 더 참아보자!"라는 공간을 만들어주고 싶었다. 보건실을 무조건 쉼터로 사용해서는 안 된다. 하지만 적어도 1학년에게는, 또한 적응이 어려운 친구에게는 차가운 학교 안에서 보건실 하나만이라도 유일한 보루가 되어 주고 싶었다. 든든한 버팀목이 있으니, 어떻게든 버틸 수 있지 않을까. 결국 해님 정책은 성공적이었다.

어느 날, 2~4교시까지 보건 수업을 하고 자리에 앉았을 때 한 선생님께 메시지가 왔다. "선생님, 저희 반 보건이와 초등이, 중등이가 보건실에 내려갔는데 아무도 약을 받지 못했네요. 왜 약을 안 주시는 건가요? 보건이는 복통이 있다고 하니 소화제 처방 바랍니다. 초등이는 다리가 삐었다고 하니 파스 처방 바랍니다. 중등이는 감기에 걸렸으니 감기약 처방 바랍니다."라는 내용이었다. 메시지를 본 순간, 당황스러움이 먼저 밀려왔다. 나는 2, 3, 4교시 교실에서 연속수업을 하고 쉬는 시간에만 보건실로 내려와 아이들을 처치하였다. 심지어 나는 그날은 보건실에서 그 아이들을 보지도 못했다. 아마 내가 수업하는 반의 담임 선생님께서 아이들에게 다음 쉬는 시간에 다시 보건실로 오라고 안내했지만, 그 내용이 선생님께는 전달되지 않았던 듯했다. 물론 선생님께서 아이들을 걱정하는 마음으로 메시지를 보내셨다는 점은 충분히 이해한다. 다만 학생에게 약을 투약하는 일은 보건교사 고유한 전문 업무이며, 반드시 의료적인 판단을 전제로 해야 하는 일이다. 이런 내용을 메시지로 단정적으로 전달받으니, 순간적으로는 매우 당황스러웠다. 하지만 일단 마음을 가다듬고 침착하게 메시지를 보냈다. "선생님, 저는 보건실에 온 아이들을 절대로 그냥 보내지 않습니다. 저는 오늘 2~4교시까지 수업 중이었고, 이 아이들을 만나지도 못했습니다. 아이들을 다시 보내주시면 제가 문진한 뒤 이에 맞게 처치하겠습니다."라고 메시지를 보냈다. 그랬더니 선생님께서 죄송하다며 아이들을 다시 보낸다고 하셨다.

이처럼 학교에는 쉬운 아이 없듯이, 어려운 어른들도 있다. 같은 말을 전달할 때도, '아' 다르고 '어' 다른 것인데 마음이 아프게 말하는 사람들이 있다. 나는 내가 살기 위해 방법을 찾았다. 그 방법은 '감정에 맞서지 말고 잠시 쉬기'였다. 따라서 보건실 청소를 하거나, 생각하지 않아도 되는 기계적인 일을 했다. 그러고도 안되면 동료들에게 찾아가 서러운 마음을 나눴다. 여기에서도 나는 해님을 선택했다. 물론 내 업무나 내 가치가 무시당하고 있다고 느낄 때는 단호하게 말할 필요가 있다. 하지만 대다수의 일은 그렇게 대응할 필요 없는 경우가 많다. 시간이 지나면 그때의 일이 다르게 해석될 수도 있다. 오해가 있을 수도 있다는 것이다. 여러 사람이 껴있으니, 소통의 결손 및 부재가 생기고, 여러 상황이 쌓이니 사람마다 다르게 해석될 수 있다. 다 사람 사는 세상이기 때문이다. 그래서 감정을 잠시 미뤄두고, 상대의 입장도 생각해 보고, 내가 내 감정을 다스리고 바꾸는 것이 가장 현명하다고 믿는다.

솔직히 해님으로 사는 것이 가끔 힘들 때도 있다. 간혹 '이러다가 화병 나면 어쩌지?'라는 생각이 들 때도 있다. 하지만 나는 내가 행복하기 위해 해님을 선택한다. 좋은 교사가 되고 싶다. 내가 내 감정을 다스리고, 그 아이의 처지에서 생각해 보고, 아이를 위한 행동을 하고 싶다. 또한 부끄럽지 않은 동료가 되고 싶다. 내가 해님을 선택했다는 것을 대다수의 학교 사람은 알 것이다. 그리고 대부분은 이런 나를 존중해준다. 가끔은 나와 다르게 행동하는 학생이나 동료 때문에 서러운 마음도 든다. 하지만 길게, 전체를 보면 내가 선택한 따뜻한 말, 행동들이 옳았다고 확신한다. 우리가 사는 모든 사회가 그렇겠지만, 학교도 쉬운 아이 없고 어려운 어른 많다. 모든 사람이 나와 같을 순 없다. 어쩌면 나도 누군가에게 어려운 어른일 수도 있다. 동그라미, 세모, 네모가 모두 함께 사는 세상인데, 어떻게 어렵지 않을 수 있겠는가. 하지만 이때마다 힘으로 맞서면 언젠가는 모두 부러질 수 있다. 그러니 특히 어려운 아이, 어른일수록 내 감정을 스스로 다스리는 것이 필요하다. 여러분들은 '어려운 아이, 어려운 어른'을 만날 때 어떻게 대하는가? 어떻게 학교에서 살아남는지 여러분의 방법을 알고 싶다.

'같이'의 가치를 알아야
보건 선생님 오래 한다

보건교사는 참 외롭다. 전 글에서 '외로움을 견디는 법을 배우라'고 했지만, 외로움을 인정하고 받아들이는 것은 참 힘들다. '사람은 사람으로 인해 산다'라는 말이 있다. 특히 학교는 더 그렇다. 사람으로 인해 마음이 기쁨으로 물들었다가 사람으로 인해 마음에 응어리가 진다. 사람에게 정이 들기 위해서는 시간이 필요한데 보건교사에게는 정들 시간이 쉽게 허락되지 않는다. 마치 보건교사는 보건실을 지키는 등대지기 같다. 물론 보건교사는 등대지기처럼 물리적으로 보건실 안에서 절대 나오지 못하는 것은 아니다. 하지만 마치 등대지기처럼 보건실에서 벗어나면 참 불안하다. 교무실에 코팅하러 갈 때도, 맛있는 점심 메뉴가 나와 식사 시간이 몇 분만 길어져도 혹시나 '내가 보건실에 없을 때 크게 다친 아이들이 오면 어떡하나'라는 걱정이 든다. 이러니 학교 사람들과 어울릴 시간은 보건교사에게 쉽게 허락되지 않는다. 새로 학교를 옮기고 5월이 되니 학교 사람들은 보건교사인 나의 얼굴을 대부분 알고 계시지만, 나는 아직 학교 사람들의 얼굴을 모른다. 아프다고 온 교직원 몇 분, 동 학년 교사만 알고 있을 뿐이다. 오후가 되어도 보건실을 비우기는 쉽지 않다. 정규시간이 끝나도 아이들은 보건실에 온다. 아파트 놀이터에서 다쳐도 보건실로 뛰어온다. 같은 학교 선생님들과 정을 붙이고 대화를 나누고 싶어도 참 쉽지 않은 현실이다. 이렇게 보건교사는 등대지기처럼 외롭게 보건실을 지키고 있어 "같이'의 가치'를 깨닫기 어려워진다.

나는 일과 관련해 나를 표현하는 것에 서툴다. 특히 내가 얼마나 많은 일을 하고 있는지, 요즘 얼마나 힘든지 잘 말하지 못한다. 특히 학교 구성원에게 나의 일에 대해 말하기가 참 어렵다. 내가 힘들다고 말하면 나약한 사람 같아 보여서 입 밖으로 나오는 고민을 다시 삼킨다. 하지만 주변을 둘러보니 나 같은 보건교사는 참 많았다. 보건교사들은 우리를 표현하는 방법을 잘 모른다. 안 그래도 학교에 1명, 많아야 2명이라 아무도 우리가 어떤 일을 하는지, 얼마나 힘든지 모른다. 그런데 우리가 말을 하지 않으니, 학교 사람들은 우리를 더 모른다. 이러니 힘들고 서러운 것이 하나씩 쌓여 터질 때도 있다. 이렇게 터지면 그때부터 이상한 방법으로 표현되는 경우도 많다. '아이들에게만 따뜻한 교사가 되어야지'라고 마음을 먹고 학교 교직원들에게는 소홀하게 대할 수 있다. 하지만 이러한 차가운 마음은 아이들에게만 따뜻하게 전달될 수는 없다. 아이들에게도 차갑게, 냉정하게 전달될 것이다. 아이들도 따뜻한 보건교사를 잃는 것이다. 즉, 우리는 우리를 표현하는 방법이 서툴러 스스로 등대지기를 만들어가는 것이다.

보건실을 나가 학교 구성원들에게 나의 목소리를 내고, 나를 표현해야 한다. 어려움을 이야기하면 징징거리는 것 같고, 혹은 속상한 일을 말하게 되면 말하다가 더 화나니까 말을 안 하는 일도 있다. 하지만 말을 하지 않으면 아무도 모르고, 아무도 모르니 사람들은 우리를 더 이해하지 못한다. 학교에는 따뜻한 사람들이 참 많다. 먼저 다가가 인사를 건네고, 칭찬을 나누고, 어려움을 토로하여 고민을 함께 나누어야 한다. 그래야 "보건 선생님, 이렇게 힘들구나"라고 알아주고 같이 공감해 주며 목소리를 내준다. 나는 그 안에서 오히려 내가 '우물 안의 개구리였구나'라는 생각이 들었던 적도 있다. 왜냐하면 내가 보건실 안에서 힘들다고만 생각하여 스스로 '힘든 우물' 안에 나를 가두었는데 선생님들과 이야기하니 모두 '힘든 우물'을 가지고 있었다. 즉, 밖에 나가니 학교 상황이 보였고 학교 안에서는 나 말고도 더 어렵고 힘든 길을 가는 선생님들이 많았다. 이처럼 학교 상황을 몰라서 스스로 더 외롭고 고립되는 것일 수도 있다. 처음이 힘들다. 하지만 보건실 문을 열고 먼저 다가가서, 따뜻한 말을 건네고, 힘들다고 이야기해 보자. 힘든 우물 안에 우리를 가두지는 않았으면 한다.

　　교육청에서 학교에 업무 매뉴얼을 내려주지만, 이를 시행하는 것은 학교 사정에 따라 다르다. 학생의 사회문화적 배경, 학부모의 참여도, 관리자나 교직원의 문화에 따라 같은 업무여도 학교마다 실시하는 방법이 제각각이다. 이때마다 업무 담당자인 나는 고민을 한다. 아직 경력이 짧은 교사이지만, 한해 한해 교직 경력을 쌓아가면서 고민은 더 많아진다. 오히려 아는 것이 많아질수록 고민은 더 커진다. 아는 것이 없을 때는 '이렇게 하면 되겠지'라는 생각으로 아무 생각 없이 일했는데, 내가 어떠한 일을 추진했을 때 학교 사람들의 피드백, 혹은 다른 학교에서 들려오는 이야기들을 들으면 '이렇게 해도 될까?'라는 고민이 생긴다. 특히 학교에 보건교사는 나 혼자이기에, 보건 업무를 잘 알고 있는 사람도 나 혼자이기에, 내 업무를 상의하고 싶어도 상의할 사람이 없다. 이럴 때마다 나는 도움을 청하는 곳이 있다. 우리 학교 주변의 보건교사에게 전화한다. 올해 나는 청간 이동을 하여 주변 학교 보건교사들을 모르는데도 무턱대고 전화했다. 하지만 같은 보건교사라는 이유로 친절하게 답변해 주시고, 함께 고민해 주셨다. 이렇게 내가 옮기게 된 지역의 아이들, 학교문화를 알게 되었다. 이렇게 주변 학교 보건교사들과 지혜를 나누어야 한다, 그래야 보건교사 오래 잘할 수 있다.

보건실에서 홀로 있는 보건교사는 나뿐만이 아니다. 나랑 같은 지역 보건교사뿐 아니라 나의 동기들도 있다. 나의 동기 카톡방은 임용 첫해보다 소통은 줄었지만, 아직도 서로 고민을 말하고 응원을 해준다. 또 동기들끼리 좋은 정보를 나눈다. 만약 동기가 없으신 선생님이라면 지역의 보건교사 전문적 학습공동체에 참가하시길 추천한다. 나도 올해 처음으로 보건교육 전문적 학습공동체에 들어갔다. 아직 만남을 몇 번 하지 않았고, 보건 수업에 대한 결과물이 나오지 않았지만 보건 수업에 대해 함께 연구하고, 학교 사정을 공유하는 것만으로도 나의 숨구멍 하나를 더 열어 놓는 느낌이다. 여러분은 혼자이지만, 혼자가 아닐 수 있다. 보건실 밖에는 여러분과 같은 사람들이 아주 많다. 처음이라 다가서기 어렵더라도, 용기를 내 작은 연결이 모이면 단단한 지지망이 된다. 그 지지망은 여러분이 위기 속에 있을 때 지탱해 주는 힘이 될 것이다.

　보건교사의 업무는 혼자 할 수 있는 일이 거의 없다. 담임교사와 행정실, 더 나아가 학교 모든 사람의 협조가 필요하다. 혼자서 상처받고 싶지 않아 보건실 문을 두껍게 만들 때가 있다. 이 두꺼운 문이 우리를 보호해 줄 것으로 생각할 수도 있겠지만, 사실은 우리를 가두어놓을 수도 있다. 그 문 속에서 우리는 더욱 외로워진다. 나는 보건교사 경력도 짧고, 삶의 연륜도 깊지 않아 내가 이렇게 말하는 것이 맞나 싶기도 하다. 또한 사람마다 성향이 모두 다르니 내가 감히 여러분께 조언해도 되나라는 생각도 든다. 하지만 함께해야 한다고 생각한다. 함께 하면 기쁜 마음은 오래 남고, 화난 마음은 한번 토로하면 넘어가게 된다. 학교라는 곳은 더 그런 것 같다. 그러니 '혼자'보다는 '같이' 가려고 하자. 아프리카 속담을 보면 '같이 가야 더 멀리 갈 수 있다.'라고 하지 않았는가. 분명히 우리와 함께 가줄 따뜻한 사람들이 많다. 보건실 문을 열어 먼저 인사하고, 감사하다고 말하며 시작해 보자. 옆의 학교 보건교사에게 전화를 걸어 학교 이야기를 하며 마음을 나누자. 그러면 그들도 우리와 같은 외로움을 가지고 있다는 것을 알게 되고, 내가 현재 처한 상황도 너무 힘들게 받아들여지지 않을 것이다. '다들 이렇게 사는 거구나.'라고 느낄 수 있을 것이다. 이처럼 "같이의 가치'를 알아야 보건교사 오래 할 수 있고, 행복하게 일할 수 있다.

2장.

함께 일하는 법을 배우는 2인 보건실

–

전희주

보건교사가 된 이유, 솔직한 고백

간호학과를 졸업한 후, 나는 늘 '전문성 있는 간호사'가 되고 싶었다. 학부 시절 교직 이수를 해 교원 자격증도 가지고 있었지만, 병원 현장 경험 없이 곧장 교직으로 가는 것은 옳지 않다고 생각했다. 간호사라는 직업은 사람의 생명과 맞닿아 있는 일이 만큼, 직접 환자를 돌보고 위기 상황을 몸소 겪으며 배워야 진짜 전문가가 될 수 있다고 믿었기 때문이다.

그래서 졸업 후 곧바로 희망하던 병원에 지원했고, 합격 통보를 받은 뒤 몇 달간의 대기 끝에 수술실로 발령을 받았다. 그중에서도 마취·회복 간호 파트는 신규 간호사에게는 좀처럼 배정되지 않는 인기 부서였다. 특히 3교대 근무를 하지 않아도 되는 근무 환경 덕분에 많은 간호사들이 선호하는 곳이었고, 나 역시 그 자리에 발령받은 것을 감사하게 여겼다. 비록 일 처리가 빠릿빠릿한 편은 아니었지만, 성실함만큼은 누구에게도 뒤지지 않는다는 마음으로 차근차근 업무를 익혀 나갔다. 매일 긴장 속에서도 환자가 무사히 회복실을 나서는 순간의 안도와 보람을 느끼며, 환자 한 명 한 명에게 책임감 있게 다가가려고 노력했다. 그렇게 병원에서 보낸 시간은 어느새 10년 가까이 흘렀고, 나도 어느덧 숙련된 간호사로 자리 잡고 있었다. 수많은 수술과 마취, 회복 과정에 함께하며 얻은 경험은 내게 자신감을 안겨주었고, 동료들과 쌓은 유대감은 병원 생활을 지탱해 주는 큰 힘이 되었다. 그렇게 바쁘지만, 단단한 일상을 살아가던 중, 결혼을 하고 쌍둥이를 임신하면서 내 인생에도 큰 전환점이 찾아왔다.

출산이 가까워질수록 아이를 낳은 이후의 삶이 지금과는 전혀 다른 모습이리라는 예감이 짙어졌다. 특히 양가 부모님의 도움을 받을 수 없는 상황에서, 한 아이가 아프면 다른 아이도 바로 아픈 쌍둥이 육아의 특수성은 눈앞에 현실적인 벽처럼 다가왔다. 앞으로 '엄마'로서의 나와 '간호사'로서의 내가 그 무게를 함께 짊어질 수 있을까, 그 길을 나 혼자 걸어갈 수 있을까? 하는 불안감이 점점 커졌다. 지금까지는 내 삶의 우선순위를 내 몫으로 결정할 수

있었지만, 아이들을 품고 나서부터는 모든 선택이 더 조심스러워

졌고, 나는 그 무게 앞에서 깊은 고민에 빠졌다.

그 무렵, 나와 비슷한 처지에서 병원을 그만두고 보건교사로 전향한 선배 간호사의 소식을 들었다. 처음엔 자신이 없었다. 대형 병원에서의 10년 가까운 병원 경력도, 마취·회복 전문 간호사라는 자부심도 한순간에 내려놓아야 하는 선택 같았기 때문이다. 그러나 한편으로는 마음 한구석이 조금씩 흔들렸다. 누군가 이미 걸어간 길이라면, 나도 걸어볼 수 있지 않을까? 하는 생각이 들었다. 간호사로서의 경력을 쉽게 포기하고 싶지 않았고, 동시에 엄마로서도 아이들과 함께하는 시간을 놓치고 싶지 않았다. 두 가지 바람을 모두 이룰 수 있는 길로 '보건교사'가 눈에 들어왔다. 학교라는 공간에서 의료인으로서의 전문성을 살리면서도 규칙적인 근무시간 덕분에 아이들과의 일상도 지킬 수 있다는 점이 내겐 기적처럼 느껴졌다. 하지만 그 길을 향해 가는 현실은 절대 쉽지 않았다. 대학 졸업 후 한참이 지나 전공 지식은 희미해졌고, 교육학은 학부 시절 잠깐 접했던 것이 전부였다. 수험 생활 내내 하루 24시간이 퍼즐처럼 빽빽하게 맞물려 있었고, 그 속에서 나만의 시간은 찾아보기 어려웠다. 그래도 간절했다. 아이들을 위해서, 그리고 나 자신을 위해서 반드시 걸어보고 싶은 길이었다.

　시험이 얼마 남지 않았을 무렵, 쌍둥이가 동시에 열감기에 걸렸다. 특히 첫째 아이는 40도가 넘는 고열과 함께 열경련 증상을 보였다. '고열로 인한 일시적 경련'이라는 의학 지식은 머릿속에 있었지만, 엄마의 눈앞에서 경련을 일으키며 온몸을 떨고 있는 내 아이를 보는 순간 모든 것이 멈췄다. 아이의 작은 몸이 떨릴 때마다 나의 심장도 덜컥 내려앉았다. 엄마로서의 감정과 간호사로서의 지식이 충돌하는 순간이었다. 경련 후 의식이 돌아온 아이를 품에 안았지만, 불안은 쉽게 사라지지 않았다. 아이 걱정에 며칠 동안 잠을 거의 이루지 못했고, 책상에 앉아도 글자가 눈에 들어오지 않았다. 그러나 그 시간은 나를 더 단단하게 만들었다. 간호사와 엄마, 그리고 앞으로 될 보건교사라는 세 가지 역할이 어떤 의미가 있을지 더 깊이 고민하게 만든 계기였다.

　육아와 임용 준비를 동시에 해내야 했기에 하루하루가 전쟁 같았다. 그러나 아이들과의 소중한 시간도 포기하고 싶지 않았다. 이유식을 먹이며 강의 내용을 머릿속으로 되뇌고, 아이들 장난감 옆에는 특히 잘 외워지지 않던 내용을 포스트잇에 써서 붙여두며 틈틈이 눈에 익혔다. 인터넷 강의를 녹음해 이동시간마다 들었고, 버스나 지하철 안에서도 이어폰을 꽂은 채 한 문제라도 더 머릿속에

담으려 했다. 시험일이 다가올수록 불안은 커졌지만, 그만큼 '여기까지 해냈다'라는 뿌듯함도 함께 커졌다. 그리고 마침내, 최종 합격자 발표 날 조심스레 명단을 확인하던 중 내 이름이 있는 것을 발견한 순간, 온몸이 떨렸다. "엄마, 나 합격했어!" 부모님께 이 말을 전하며 울컥했던 기억은 지금도 생생하다. 나 자신을 위해, 그리고 아이들을 위해 선택한 길 위에서 마침내 첫 발걸음을 내디던 순간이었다.

그렇게 간절히 바라던 보건교사로서의 첫 출근 날, 병원에서는 느껴보지 못한 긴장감이 몰려왔다. 병원에서는 동료 의사, 간호사들과 함께 팀으로 움직였지만, 학교에서는 오롯이 나 혼자 보건실을 책임져야 했다. 낯설지 않은 의료 환경이었지만, 학생들을 맞이하는 보건실은 지금까지 내가 몸담았던 공간과는 전혀 달랐다. 병원에서는 환자의 몸 상태에 집중하며 빠르고 정확하게 처치하는 것이 우선이었다면, 학교에서는 아이들의 표정과 감정, 그날의 분위기까지도 함께 읽어야 했다. 보건실은 단순히 상처를 치료하는 곳이 아니었다. 마음이 힘든 아이, 친구와 다투고 울먹이는 아이, 학교에 적응하지 못해 마음 둘 곳을 찾아온 아이, 수업이 싫어 잠시 숨 돌리고 싶은 아이까지 다양한 이유로 보건실을 찾았다. 나는 그제야 깨달았다. 보건교사는 단순한 의료인이 아니라 교육자의 마음까지 품어야 한다는 것을……. 그 자리는 아이들의 몸뿐만 아니라 하루의 기분, 마음의 온도, 삶의 속도까지 함께 살펴야 하는 자리였다. 보건실 문을 열고 들어오는 아이들을 반기며, 나는 이제 아이 한 사람의 '환자'가 아니라, 아이 하나하나의 '삶'을 마주하는 사람이라는 사실을 조금씩 배워갔다.

그런데 그렇게 겨우 감을 잡아가던 발령 첫해, 전례 없는 코로나19 상황이 닥쳤다. 신규 보건교사로서 기본적인 학교 보건 업무도 채 익히지 못했는데, 생전 처음 해보는 전교생의 감염병 관리 업무까지 도맡게 된 것이다. 매일 아침 확진자 수와 학교 관련 동향을 확인했고, 방역 지침이 바뀔 때마다 교직원과 학부모에게 다시 안내문을 전달해야 했다. 확진자 발생 시에는 접촉자 동선과 명단을 정리해 보고하고, 등교 여부를 판단해 긴급히 연락을 돌려야 했다. 하루에도 수십 통의 전화가 울렸고, 그때마다 나는 지금, 이 순간 무엇을 어떻게 결정해야 할지 빠르게 판단해야 했다. 실수가 허용되지 않는 상황 속에서 긴장의 끈을 놓을 수 없었다. 간호사로서의 임상 경험은 있었지만, 학교는 전혀 다른 전문성과 태도를 요구했다. 당시에는 정신없이 하루하루를 버텼지만, 지금 돌아보면 그 시절이 바로 나를 진짜 보건교사로 만들어준 시간이었다. 무서웠지만, 그래서 더 많이 배웠고, 불안했지만, 그만큼 깊이 성장할 수 있었다. 위기의 순간들을 지나며 나는 더 단단해졌고, 그렇게 쌓인 경험들이 지금의 나를 있게 했다.

보건교사는 단순히 안정적인 직장을 찾는 사람들이 선택하는 직업이 아니다. 아이들의 몸과 마음을 지키고, 때로는 말 한마디보다 깊은 위로를 전하며, 그저 조용히 곁을 지켜주는 '어른'이 되는 일이다. 육아와 커리어 사이에서 현실적인 이유로 내린 나의 선택은, 시간이 흐르며 삶에 깊은 만족과 진한 보람을 선물했다. 아이들의 상처를 보듬고, 마음속 이야기를 들으며, 나 또한 매일 조금씩 단단해지고 성장하고 있음을 느낀다.

신규 보건교사로 첫발을 내디딜 때는 누구나 두렵고 막막하다. 그러나 시간이 지나면 알게 된다. 서툴고 조심스럽던 하루들이 쌓여, 어느새 누군가에게 꼭 필요한 '어른'이 되어 있다는 것을……. 아이들은 우리의 완벽함을 바라지 않는다. 그들이 원하는 것은, 진심으로 곁에 있어 주는 어른 한 사람이다. 보건교사는 아이들의 몸과 마음을 동시에 돌보는 사람이다. 손끝의 작은 배려와 따뜻한 한마디가 아이들의 마음속에 오래 머물 수 있다. 이 길은 때로 벅차지만, 사랑과 책임으로 채워진 세상에서 가장 사람다운 직업이다. 나는 그 선택을 단 한 번도 후회하지 않았다. 많은 고민과 고생 끝에 만난 오늘의 나는, 그때의 나를 자랑스럽게 여긴다. 이제 막 이 길을 시작하는 신규 보건교사들에게 말하고 싶다. 힘들고 길이 보이지 않는 순간이 와도 주저하지 말자. 우리 함께, 천천히 그러나 흔들림 없이 이 길을 걸어가자.

병원과 학교, 같은 응급상황 다른 두려움

어느 여름날, 점심 식사를 마친 직후였다. 따사로운 햇살 아래 운동장에서는 몇몇 학생이 여유롭게 축구하고 있었고, 나는 보건실에서 오후 수업을 준비하고 있었다. 그때 갑자기 전화벨이 울렸다. "선생님, 운동장에 학생 한 명이 쓰러져 있어요! 빨리 와보셔야 할 것 같아요!"라는 다급한 목소리에 가슴이 철렁 내려앉았다. 주저할 틈도 없이 응급처치 키트를 챙겨 들고 운동장으로 뛰쳐나갔다. 달려가면서 온갖 생각이 머릿속을 휘몰아쳤다. '날씨가 더워진 탓에 온열 질환일까? 기저질환이 있는 학생은 아니었나? 지금 내가 챙겨 온 장비만으로 괜찮을까?' 운동장 한가운데에는 한 학생이 바닥에 누워 있었고, 주변에는 친구들이 둘러서 있었다. 가까이 다가가 얼굴을 확인하니 학교에서 평소에도 장난기 많기로 유명한 아이였다. 이름을 부르자 벌떡 일어나며 "축구하다 너무 피곤해서 잠시 누워 있었어요."라고 말했다. 그 순간 모두 안도하며 웃음을 터뜨렸지만, 나는 끝까지 긴장을 놓을 수 없었다. 겉보기에 단순한 해프닝처럼 보였을지 몰라도, 보건교사는 언제나 최악의 상황을 염두에 두고 움직여야 하기 때문이다. 전화 한 통에 즉시 반응해야 하는 자리, 그리고 그 속에 숨겨진 긴장감과 책임감은 직접 겪지 않으면 알기 어렵다.

　병원과 학교, 모두 예기치 못한 응급상황이 발생할 수 있지만, 대응 환경은 전혀 다르다. 병원에서는 여러 의료진이 체계 속에서 역할을 나누고 상황을 공유하며 대처한다. 반면 학교에서는 대부분 교직원이 비의료인이고, 사고가 나면 상황 판단부터 응급처치, 주변 정리까지 한 사람이 주도해야 한다. 특히 심정지 환자처럼 골든타임이 중요한 경우, 119 신고, AED 확보, 심폐소생술, 현장 통제 등 여러 절차를 동시에 이끌어야 한다. 병원에서는 여러 손이 분담하는 일을, 학교에서는 보건교사가 중심이 되어 모두를 움직여야 한다. 특히 신규 시절에는 이런 상황이 훨씬 부담스럽게 다가온다. 무작정 두려움을 없애려 애쓰기보다, 대비를 통해 줄이고 관리하는 것이 더 현실적이다. 학교에서의 응급 대응은 개인 역량만으로는 한계가 있다. 함께 움직일 수 있는 체계와 역할 인식이 갖춰질 때 훨씬 안전하게 대처할 수 있다.

작년 가을, 교생 실습이 한창이던 시기였다. 한 교생이 복도에서 쓰러졌다는 연락을 받았다. 응급키트를 들고 가며 전화를 건 교사에게 의식 여부를 확인해 달라고 요청했다. 하지만 당황한 목소리로 "잘 모르겠어요."라는 답이 돌아왔다. 나는 "어깨를 두드리며 이름을 불러보세요. 눈을 뜨거나 대답하면 의식이 있는 거예요."라고 안내했다. 잠시 뒤 "눈 뜨고 대답은 해요."라는 말을 듣고 조금 안심하며 현장으로 향했다. 계단 옆에 쓰러져 있던 교생은 의식은 있었지만, 과호흡하며 전신에 힘이 빠진 상태로 쓰러져 있었다. 현재 상태를 묻자 "제가 공황장애가 있어요. 스트레스를 받거나 하면 이렇게 쓰러질 때가 있어요."라고 했다. 나는 치마 차림의 교생에게 옷을 덮어 주고, 다른 교사에게 주변 통제를 부탁한 뒤 휠체어를 가지러 보건실로 뛰었다. 성인 여성을 혼자 휠체어에 옮기는 건 쉽지 않았지만, 근처에 있던 동료 교사의 도움으로 무사히 이동시킬 수 있었다. 이후 보건실에서 활력 징후를 확인하고 안정을 취하게 하자 교생은 곧 회복되었다. 이 사건을 통해 병원과 달리 학교에서는 단 한 명의 의료인이 전 과정을 책임지고 감당해야 한다는 사실을 다시금 실감했다.

이 경험은 '사전 정보'와 '역할 분담'의 필요성을 절실히 깨닫게 했다. 학생은 학기 초 건강조사서를 통해 병력을 파악할 수 있지만, 교직원이나 단기 실습생은 사전 정보가 없는 경우가 많다. 응급상황처럼 시간과 생명이 직결되었으면 제한적이고 신중한 정보 공유가 필요하다. 또한 쓰러진 사람을 안전하게 이동시키고, 주변을 통제하며, 응급처치를 병행하는 과정은 혼자서는 결코 빠르게 진행할 수 없다. 결국 보건교사는 판단과 조율을 맡되, 위기를 넘기는 힘은 여러 사람의 유기적인 움직임에서 나온다. 평소 소통과 신뢰를 쌓아 각자의 역할을 익히게 하는 것이 무엇보다 중요하다.

신규 시절, 심정지 같은 위기 상황이 닥치면 모든 것을 혼자 감당해야 한다는 생각이 나를 짓눌렀다. 그래서 '시나리오 기반 심폐소생술 교육'을 학교에 제안했다. 기존 CPR 교육은 대부분 이론과 인형 실습에 그쳤고, 실제 상황에서 어떻게 행동해야 하는지를 몸으로 익히기에는 부족했다. 나는 실제 응급상황을 가정한 시뮬레이션 훈련을 기획했다. 현직 응급의학과 의사를 초빙하고, 운동장에서 학생이 심정지로 쓰러졌다는 상황을 설정해 훈련을 진행했다. 최초 발견자는 119 신고, 다른 교사는 AED 운반, 또 다른 교사는 보건교사 호출, 현장에 도착한 나는 인공 호흡과 흉부 압박을 교대하며 실시했다. 실습이 끝난 뒤 교직원들은 "이제 비슷한 상황이 생기면 진짜 내가 뭘 해야 할지 좀 알겠다."라고 말했다. 단순한 지식이 아닌, 몸으로 체득한 경험이 큰 차이를 만들었다. 나 또한 막연한 불안이 줄고, 실제 대응 흐름 속에서 보건교사로서 해야 할 역할을 명확히 느낄 수 있었다.

이 과정을 통해, 학교에서의 응급 대응은 완벽한 개인 역량보다 모두를 움직이게 하는 힘이 더 중요하다는 걸 확신하게 됐다. 보건교사는 '영웅'이 아니라 협력의 중심이 되어야 한다. 현장의 불안과 압박에 움츠러들기보다, 함께 익숙해질 수 있는 기반을 만드는 것이 현명한 대응이다. 나 혼자 잘하는 것보다 모두가 조금씩 더 준비되는 것이 학교를 지키는 가장 안전한 길이기 때문이다.

응급상황은 예고 없이 찾아온다. 처음에는 모든 것을 혼자 감당해야 한다는 부담감이 크게 다가오지만, 준비와 훈련, 협력 구조가 있다면 훨씬 담대해질 수 있다. 학교라는 공간에서 의료인은 보건교사 단 한 명이지만, 그렇다고 모든 것을 혼자 짊어질 필요는 없다. 오히려 모두가 각자의 역할을 알고 움직일 수 있도록 안내하는 것이 더 안전하고 현명하다. 병원에서처럼 인력이 풍부하지 않은 환경에서는, 사람 한 명 한 명이 위기 상황의 '행동 주체'가 되어야 한다. 그 시작을 만드는 사람이 바로 보건교사다. 사전 준비는 단순히 응급키트를 챙기거나 장비 위치를 확인하는 것에 그치지 않는다. 평소 교직원과 학생들에게 역할을 인식시키고, 짧게라도 함께 훈련하는 시간을 만드는 것이 훨씬 큰 힘을 발휘한다. 위기 상황에서 몸이 먼저 반응하게 만드는 경험은, 아무리 많은 이론교육보다 값지다. 신규 보건교사라면 '내가 다 해내야 한다'라는 압박감에서 벗어나 '함께하는 그림'을 그리는 데 힘을 써야 한다. 그 그림 속에서 나의 자리는 조율자이자 안내자, 그리고 가장 먼저 움직이는 사람이다. "한 그루 나무는 바람에 흔들리지만, 숲은 폭풍에도 꿋꿋하다." 이 문장을 마음속에 새기며, 오늘도 한 걸음씩 나아가자. 한 사람의 힘은 작아 보일 수 있지만, 서로를 믿고 준비하는 관계 속에서 우리는 폭풍을 견딜 수 있다. 보건교사의 성장은 혼자서 이뤄지는 것이 아니다. 함께 대비하고, 함께 훈련하고, 함께 움직이는 그 모든 과정이 곧 학교를 지키는 힘이 된다. 그리고 그 힘은, 결국 우리 자신을 지켜주는 가장 든든한 방패가 되어 줄 것이다.

작은 머릿니, 발견과 대응 에피소드

"요즘도 머릿니가 있어요?"

학교 현장에서 머릿니를 처음 발견했을 때, 교사나 학부모 대부분이 되묻는 말이다. 위생 수준이 크게 향상된 오늘날, 머릿니는 이제 거의 사라진 질병처럼 여겨지지만, 현실은 그렇지 않다. 질병관리청에 따르면 국내 초등학생 사이에서는 여전히 연평균 수천 건의 머릿니 감염이 보고되고 있으며, 특히 저학년과 위생 관리에 상대적으로 취약한 환경에 놓인 아동들 사이에서 간헐적으로 발생하고 있다. 전염성 강한 기생충이기 때문에 빠르게 확산할 수 있지만, 사람들은 여전히 머릿니를 '청결하지 못한 사람에게 생기는 병'이라는 인식으로 바라보는 경향이 있다. 이로 인해 감염 사실이 알려질 경우, 아이는 불필요한 놀림이나 낙인으로 정서적 상처를 받을 수 있다. 치료 과정 역시 단순히 약을 쓰고 참빗질하는 데 그치지 않는다. 감염 확산을 막기 위해 담임교사와 협력하고, 학부모와 꾸준히 소통하며, 아이가 위축되지 않도록 정서적 배려도 함께 이뤄져야 한다. 즉, 머릿니 대응은 보건실 안에서만 끝나는 일이 아니다. 학급, 나아가 학교 전체가 함께 움직여야 하는 공동의 과제다.

머릿니는 단순한 위생 지도의 문제를 넘어, 보건교사의 종합적인 대응력을 요구하는 이슈다. 특히 현장 경험이 적은 보건교사에게는 처음 접했을 때 당혹스러운 상황이 될 수 있다. 감염 사실을 알려야 하는 학부모는 민감하게 반응할 수도 있고, 아이에게는 상처가 되지 않도록 말과 태도에 각별히 신경 써야 한다. 또, 감염이 확산하지 않도록 조치하는 과정에서는 담임교사와의 협력도 필수적이다. 이 모든 과정을 보건교사 혼자 감당하기엔 부담이 클 수밖에 없다. 하지만 중요한 것은 '모든 걸 완벽하게 해내는 것'이 아니라, '정확하게 이해하고, 협력할 수 있는 체계를 마련하는 것'이다. 작고 사소해 보이는 건강 문제가 아이 한 명의 건강과 정서에, 나아가 학급 전체의 분위기까지 영향을 미칠 수 있다는 것을 우리는 잊지 말아야 한다. 머릿니 하나를 대하는 태도 속에, 보건

교사의 전문성과 아이들을 향한 세심한 배려가 고스란히 담겨있
다.

　몇 해 전, 한 1학년 여학생을 통해 나는 머릿니의 복잡한 파급력
을 실제로 경험하게 되었다. 아이는 밝고 활달한 성격으로, 보건
실 앞을 지날 때마다 꼭 인사를 건네며 웃음을 잃지 않는 친구였
다. 한부모 가정에서 아빠, 오빠, 할머니와 함께 생활하고 있었고,
나는 아이의 그런 밝은 태도에 자연스럽게 마음이 갔다. 어느 날,
아이가 보건실에 찾아와 "선생님, 저 머리가 너무 간지러워요."라
고 말했다. 평소와 다름없는 인사였기에 대수롭지 않게 여겼지만,
아이가 이전과 다르게 머리를 긁는 동작이 반복되는 것이 신경 쓰
였다. 그래서 조심스럽게 머리카락 사이를 살펴보니, 머리카락에
하얀 점 같은 것들이 군데군데 붙어있었고, 그중 일부는 미세하게
움직이기까지 했다. 처음에는 비듬이나 먼지라고 생각했지만, 순
간 학부 때 전공서에서 봤던 머릿니가 떠올랐다. 나도 직접적으로
본 적은 없었기에 확신이 서지 않았고, 혹시나 그런 내 모습에 아
이가 불안해할까 봐 차분한 목소리로 "선생님이 조금 더 자세히
알아보고 다시 이야기해 줄게."라고 말한 후, 관련 자료를 찾아 정
밀하게 비교해 보았다. 결론은 '머릿니'였다. 하지만 그 사실을 바

로 아이에게 전달할 수는 없었다. 우르르 몰려온 친구들 사이에서 아이가 너무 걱정하거나 상처받지 않게 설명하는 것도 중요했고, 무엇보다 이 사실이 학급 내에 알려지는 것을 막는 것이 시급했다. 그날 이후, 나는 보건교사로서 단순한 병명 확인보다 훨씬 더 중요한 일이 많다는 걸 몸으로 느끼게 되었다.

머릿니는 단순히 약을 바르고, 참빗으로 서캐를 제거하는 물리적 치료만으로 해결되는 문제가 아니다. 무엇보다 중요한 것은 '어떻게 이 사실을 전달하고, 누가 이 과정을 함께하는가?'이다. 나는 담임교사와 먼저 소통하며 학급 내 분위기 조성을 부탁했다. "이런 경우, 아이가 눈치채지 않도록 조심스럽게 케어해 주세요." 라고 말하자, 담임교사도 처음엔 "요즘도 머릿니가 있어요?"라며 놀라워했다. 위생 관리가 철저한 요즘 아이들에게 머릿니가 발생했다는 사실 자체가 믿기지 않는다는 반응이었다. 하지만 전염 경로와 원인, 최근 발견 사례들을 설명하자 곧 이해하고, 학급 내 다른 아이들과의 접촉을 자연스럽게 줄이기 위해 자리 배치를 조정해 주거나 놀이 시간 중 머리끼리 닿는 상황을 최소화할 수 있도록 협조해 주었다. 또, 아이의 정서적 위축을 막기 위해 수업 중 보건실에 오도록 시간도 유연하게 조정해 주었다. 다음은 가정과의 연계였다. 아이는 한부모 가정의 자녀로, 아이의 아버지가 실질적으로 아이를 돌보고 있었다. 나는 아이 아빠에게 전화를 걸어, 너무 걱정하지 않으셔도 된다고 먼저 안심시켰다. 그러고는 머릿니 감염에 대한 전반적인 설명과 함께 병원 진료 및 참빗 활용 등의 치료법, 침구류와 의류 소독 방법 등 실질적인 대응법을 차근차근 안내했다. 그러자 처음에는 당황했던 학부모도 점차 진정되며 상황을 받아들였고, 치료에 적극적으로 협조해 주셨다. 이처럼 머릿니는 학교-가정-보건실의 긴밀한 삼각 협력이 이루어질 때야 효과적으로 해결할 수 있다. 보건교사는 단순한 의학적 처치자 이상의 존재다. 민감한 상황에서 '어떻게 말하느냐?', '누구와 협력하느냐?', '어떤 분위기를 조성하느냐'에 따라 아이의 정서적 안정을 지킬 수 있고, 그것이 곧 머릿니와 같은 전염병의 확산을 막는 열쇠가 되기도 한다.

머릿니 치료는 생각보다 길고 복잡했다. 보통 몇 주면 해결될 거라 예상했지만, 아이는 한 달이 지나도 여전히 머리 가려움증을 호소하며 보건실을 찾았다. 다시 확인해 보니 서캐가 완전히 제거되지 않아 재감염이 반복되고 있었다. 나는 다시 아버지와 통화하며 현재 상태를 공유했고, 직접 치료에 사용할 약제와 참빗을 다시 안내했다. 동시에 할머니와도 통화를 시도해 가정 내 위생 상태나 침구류 관리에 대한 상황도 파악해 보았다. 특히 아이가 오빠와 방을 같이 쓴다는 점, 침구를 자주 삶아 빨기 어려운 환경이라는 점 등 구체적인 사정들이 치료 지연의 원인이라는 걸 파악할 수 있었다. 보건실에서는 가능한 자원들을 찾아 치료제 정보와 주의점 등을 다시 안내했고, 학교에서는 전교생을 대상으로 머릿니 관련 가정통신문을 보내 예방을 강조했다. 이 과정에서 가장 어려운 점은 시간이 흐를수록 아이의 표정에 변화가 생겼다는 것이다. 처음엔 밝게 인사하던 아이가 점점 눈을 마주치지 않고, 보건실에 오는 횟수도 점점 줄어들었다. 올 때마다 치료 경과를 확인하기 위해 아이의 머리를 확인했던 게 오히려 아이에게는 부담이 되었을 수도 있다는 생각이 문득 들었다. 그래서 어느 날부터는 보건실에 오는 아이에게 "네가 얼마나 잘 참고 있는지 선생님은 정말 대단하다고 생각해. 힘들었지? 조금만 더 같이해보자."라며 따뜻하게 말해주고는 일부러 매번 확인하지 않았다. 아이는 고개를 끄덕이며 작은 미소를 지었다. 그리고 치료 경과는 아이 아버지와의 통화로만 많이 호전되고 있음을 확인했다. 그렇게 두 달이 지났고 마침내 더 이상 가려움이 없고, 머릿니가 보이지 않는다는 확인을 받을 수 있었다.

그 경험을 통해 나는 머릿니 하나가 단지 전염성 문제를 넘어,

얼마나 다양한 층위의 대응을 해야 하는지를 배웠다. 머릿니는 누구나 걸릴 수 있는 감염병이며, 위생과는 별개의 문제지만 현실에서는 아직도 낙인의 대상이 되곤 한다. 그래서 보건교사는 질병 자체보다도 그 주변의 '정서적 환경'을 먼저 고려해야 한다. 아이의 정서를 보호하고, 교사와 학부모가 올바른 인식을 가질 수 있도록 안내하는 것도 우리 역할이다. 때로는 수많은 응급처치보다, 한 아이의 마음을 어루만지는 일이 더 오래 남는다. 머릿니는 병이 아니라 상황이며, 그 상황을 아이가 견뎌낼 수 있도록 옆에서 조용히 지지해 주는 사람, 그것이 바로 보건교사다. 그리고 이런 작은 사건 하나하나가 쌓이며 보건실은 단순한 처치실이 아니라, 마음을 살피는 공간이 되어간다. 단 한 명의 학생을 위한 관심과 배려는 학급 전체의 감염을 막는 예방이 되고, 한 가정과 꾸준한 소통은 학교 전체의 신뢰를 높이는 과정이 된다. 무엇보다, 이런 경험은 나 자신을 돌아보게 했다. '나는 아이들이 보건실 문을 열고 들어왔을 때, 신체의 이상만 보는 사람은 아니었는가?', '아이의 마음을 살피는 눈을 놓치고 있진 않았는가?' 하는 질문 말이다. 보건교사는 아이들의 몸과 마음, 모두를 살피는 사람이 되어야 한다는 진실. 그 사실을 머릿니 사건을 통해 다시 한번 배우게 되었다.

머릿니는 생각보다 가까이에 있다. 보건실 문을 열고 들어오는 한 아이의 간지러움 호소 속에, 우리는 건강과 정서, 가정환경까지 연결된 복합적인 이야기를 마주하게 된다. 때로는 그 이야기를 놓치지 않고 끝까지 따라가는 것, 그게 보건교사의 역할이다. 머릿니가 있다는 사실 하나만으로도 아이는 눈치를 보고 위축될 수 있고, 주변의 시선은 무심코 상처가 되기도 한다. 우리는 이 작은 감염 하나를 통해, 보건교사에게 얼마나 섬세한 감각과 따뜻한 배려가 필요한지를 깨닫게 된다. 보건실에서 다루는 일은 결코 작거나 사소하지 않다. 때로는 작게 시작된 문제가 학급 전체의 이슈가 되기도 하고, 아이 한 명의 마음에 오래 남는 기억이 되기도 한다. 이 글을 읽는 보건교사라면, 아이들의 작은 신호를 그냥 지나치지 않기를 바란다. 단순한 증상 뒤에 숨어 있는 정서적 사인과 가정의 이야기를 함께 바라보는 눈을 잃지 말자. 머릿니 하나가 알려준 이 교훈처럼, 보건교사는 학교 안에서 몸을 돌보는 사람인 동시에 마음을 살피는 사람이다. 우리는 매일 아이들과 가장 가까이에서 호흡하는 어른이자, 작지만 깊은 흔적을 남기는 존재다. 그 책임과 역할이 벅찰 수는 있지만, 결국 그것이 보건교사라는 직업의 본질이다. 작은 문제라도 끝까지 놓지 않고, 조용히 아이 곁에 머무는 일. 그 일이야말로 우리를 보건교사로 성장하게 만든다. 그러니 오늘도, 아이들의 작은 징후 하나에 귀 기울이며, 몸과 마음을 함께 돌보는 단단한 어른으로 존재하자.

특별했던 스승의 날 편지

어릴 적 어버이날이나 부모님의 생신이 되면 나는 늘 감사 편지를 썼다. 용돈을 조금씩 모아 작은 선물을 사고, 문구점에서 고른 예쁜 편지지에 정성껏 글을 적었다.

"엄마, 항상 감사합니다. 앞으로는 언니랑 안 싸우고 엄마 말씀 잘 들을게요. 사랑해요."

편지 속 약속들은 번번이 지켜지지 않았지만, 엄마는 편지를 받을 때마다 세상에서 가장 귀한 선물을 받은 듯한 얼굴로 우리를 꼭 안아 주셨다. "선물은 안 사도 되니, 편지만 써줘. 엄마는 다른 것보다 너희한테 받는 이 편지가 제일 좋아."라는 말을 반복하시던 엄마의 모습은 오래도록 내 기억 속에 남아 있다. 하지만 성인이 된 지금, 기념일이면 나는 어느새 편지 대신 용돈 봉투만 부모님께 건넨다. 글을 쓰는 일이 어쩐지 낯간지럽고, 바쁜 일상에서 시간을 내어 마음을 담는 일도 점점 서툴러졌기 때문이다. 그러던 몇 해 전, 친정집 창고에서 우연히 발견한 낡은 상자 하나가 그런 내 마음을 흔들었다. 그 안에는 언니와 내가 어릴 적 부모님께 드렸던 수십 통의 편지가 고스란히 모아져 있었다. 오래된 종이에서 풍겨오는 묘한 따뜻함, 서툴지만 어린 우리의 진심이 담긴 글들……. 그 모든 것이 추억이 되어 마음 한구석이 따뜻해졌다. 수십 년간 이사를 하면서도 이 편지들을 버리지 않은 이유를 엄마에게 물었다. 그러자 엄마는 "나중에 너희가 성인이 돼서 결혼하고, 아이를 낳으면 같이 보면서 '엄마도 이런 시절이 있었지' 하고 추억을 떠올려 보려고 간직하고 있었지."라고 대답하셨다. 그 말씀에 그동안 잊고 지냈던 '편지'의 가치가 다시금 가슴속에 살아났다.

그 이후, 스승의 날이 다가올 때마다 나도 모르게 기다려지는 것이 있다. 바로 아이들이 보건실로 조심스레 내미는 작은 손 편지이다. 대부분은 담임 선생님의 안내에 따라 형식적으로 작성된 것들이다.

"항상 치료해 주셔서 감사합니다."

"보건실에서 친절하게 대해주셔서 감사해요."

이처럼 짧고 정형화된 문장이 대부분이지만, 그중에는 단 몇 줄 이더라도 아이의 진심이 묻어나는 편지가 있다. 그런 편지를 읽을 때면, 내가 건넨 말 한마디와 잡아준 손길 하나가 아이에게 얼마나 큰 의미였는지를 새삼 느끼게 된다. 보건실이라는 공간에서 아이들이 경험하는 감정과 기억은, 보건교사로서의 나를 돌아보게 만든다. '치료'라는 개념이 단순히 상처를 소독하거나 약을 바르는 일에 그치지 않고, 아이의 마음까지 돌보는 과정임을 나는 편지로 다시금 실감한다. 짧은 손 편지 한 장이 내게 일깨워주는 교사의 역할은 생각보다 훨씬 깊고 넓다. 그 안에는 내가 '보건교사'라는 이름으로 아이들의 일상에 어떤 의미로 남고 있는지에 대한 조용한 메시지가 담겨있다.

몇 년 전 봄, 계단에서 한 여학생이 발목을 다쳤다는 연락이 보건실로 급하게 들어왔다. 현장에 도착하니 아이는 심한 통증으로 얼굴이 하얗게 질려 울고 있었고, 발목은 거의 90도로 꺾여 있었다. 나는 즉시 발목을 고정하고, 담임교사와 보호자에게 연락한 뒤, 교감 선생님과 함께 아이를 휠체어에 태워 인근 정형외과로 이동했다. 아이는 한부모 가정에서 자라고 있었고, 보호자인 아버지가 직장이 멀어 병원에 도착하기까지 시간이 걸릴 상황이었다. 의사는 보호자 동의를 유선으로 받은 뒤 즉시 돌아간 발목의 정복술을 해야 한다고 했다. 특별한 마취 없이 진행되며 오래 걸리지는 않지만, 통증이 커서 초등학생 아이가 잘 견딜 수 있을지 걱정된다는 말에 나도 마음이 무거워졌다. 성인인 나도 겁이 날 만한 상황을, 아직 어린아이가 홀로 겪어야 한다니 안쓰러운 마음이 들었다. 그런데 막상 그 자리에서 내가 무엇을 해줘야 할지 몰라 잠시 우왕좌왕하던 순간, 어렸을 적 치과 치료를 받던 기억이 떠올랐다. 겁이 많았던 나는 치과 진료를 특히 무서워했고, 치료를 받는 내내 긴장을 풀지 못하곤 했다. 그런 나를 위해 엄마는 진료 의자 옆에서 늘 내 손을 꼭 잡아주셨다. 치료가 시작되기 전까지는 도저히, 못할 것 같던 마음도, 엄마 손을 잡고 있으면 꾹 참고 견딜 수 있었다. 그 기억이 떠오르자, 지금 내가 해야 할 일이 분명해졌다. 처치실에서 두려움에 울고 있는 아이에게 다가가 "괜찮아, 조금만 참으면 돼. 금방 끝날 거야. 선생님이 옆에 있을게."라고 말하며 두 손을 꼭 잡아주었다. 우리 손은 긴장과 두려움으로 땀에 젖었고, 아이는 눈을 질끈 감은 채 고통을 견뎠다. 그 짧은 순간, 나는 아이가 느끼는 불안과 두려움을 조금이라도 덜어주었기를 바랐고, 끝까지 잘 이겨낸 아이가 대견하고 고마웠다.

　몇 달 후, 아이는 여러 차례의 수술과 재활을 거쳐 건강하게 학교로 돌아왔다. 그리고 스승의 날, 아이는 조심스레 한 장의 손 편지를 내밀었다. "선생님, 그날 저 다쳤을 때, 손잡아주시고 덜 무섭게 옆에서 이야기해 주셔서 정말 감사했어요. 선생님 덕분에 이제 다 나았어요!" 짧은 문장이었지만, 그 한 줄 한 줄이 내 마음에 깊은 울림을 남겼다. 표현은 서툴렀으나, 그 안에는 그날의 두려움과 안도, 그리고 함께했던 순간이 남긴 믿음이 고스란히 스며 있었다. 이처럼 보건교사는 위기 상황 속에서 아이들이 느끼는 감정의 무게까지 함께 안아야 한다. 단순한 의료적 처치를 넘어, 보건실이 아이들에게 '위로받을 수 있는 곳'이라는 믿음을 주는 것이 무엇보다 중요하다. 학교는 단순히 배움을 제공하는 공간이 아니라, 정서적으로 안전한 공간이어야 한다. 그런 점에서 보건교사는 학교 안에서 가장 조용하지만, 깊은 역할을 맡고 있다. 아이가 다쳤을 때, 아플 때, 속상할 때 가장 먼저 향하는 곳이 보건실이라는 사실은 그 공간이 단순한 치료실을 넘어 '신뢰의 공간'임을 의미한다. 아이들이 겪는 고통은 단지 육체적인 것만이 아니다. 외로움, 상실감, 불안 같은 감정이 몸의 통증으로 드러나기도 한다. 그래서 보건교사의 손길과 말 한마디는 무엇보다 따뜻하고 세심해야 한다. 매일 반복되는 일상에서도 우리는 아이들의 작은 변화를 놓치지 않아야 하며, 그 안에서 진심 어린 관심을 잃지 말아야 한다. 보건교사의 '정서적 지지'는 응급상황에서뿐 아니라, 일상의 모든 순간에서 아이들의 회복력을 키우는 힘이 된다.

또 하나 기억에 남는 편지는 재작년, 내가 근무하던 학교에서 위기 상황에 놓였던 자매에게서 받은 것이었다. 아이들은 어머니의 갑작스러운 자살로 깊은 충격에 빠져 있었고, 학교는 위기관리위원회를 구성해 다각적인 지원에 나섰다. 나는 특히 여학생들의 정서적 지지를 위해 개별 상담과 생리용품 지원, 사춘기 건강 교육 등을 병행하며 아이들과 가까이 지냈다. 처음에는 눈도 마주치지 않던 아이들이 점차 보건실 문을 두드리고, 짧게나마 인사를 건네기 시작했을 때, 그 변화가 얼마나 값진 것인지 절실히 느꼈다. 그리고 그다음 해 스승의 날 아침, 내가 잠시 자리를 비운 사이 자매 중 한 명이 책상 위에 짧은 손 편지를 남기고 갔다.

"선생님, 그동안 도와주셔서 정말 감사했어요."

단 한 줄이었지만, 그 속에는 말로 다 표현할 수 없는 감정이 담겨있었다. 손에 쥔 편지를 오래도록 바라보며, 그동안의 시간이 전혀 헛되지 않았음을 깨달았다. 보건교사로서 해줄 수 있었던 일이 많지 않다는 자책도 있었지만, 결국 아이들에게 가장 필요한 것은 '곁에 있어 주며 이야기를 들어주는 것'임을 다시금 느낀 순간이었다.

보건실은 단순히 몸이 아플 때 찾는 곳이 아니다. 누군가에게는 마음이 힘들 때 잠시 쉬어가고 싶은 공간이 되기도 한다. 아이들은 때때로 "머리가 아파요.", "배가 아파요."라는 말로 마음의 신호를 보낸다. 그럴 때 우리가 해야 할 일은 무조건적인 진단이나 처방보다, 먼저 아이의 이야기에 귀를 기울이는 것이다. 손을 잡아주고, 눈을 맞추며, "그랬구나."라는 한마디로 마음을 다독이는 일. 짧지만 깊이 있는 정서적 지지는 아이에게 큰 위로가 되고, 회복의 동력이 된다. 보건교사의 말 한마디, 태도 하나가 아이들의 기억 속에 오래 남는 이유도 여기에 있다. 반복되는 일상에서도 우리는 누군가의 하루를 변화시키는 일을 하고 있다는 사실을 잊지 말아야 한다. 보건실은 치료실이자 작은 쉼터이며, 때로는 가장 안전한 피난처가 된다. 그 안에서 아이들과 함께 숨 쉬며 살아가는 우리가 하는 일은 전혀 작지 않다.

스승의 날, 아이들이 전해준 손 편지들은 그 모든 일상의 기록이자 우리의 역할을 비추는 거울이다. 보건교사는 단순히 의료 처치를 담당하는 사람을 넘어, 아이들의 정서적 지지자이자 신뢰할 수 있는 어른이 되어야 한다. 우리가 일상에서 건네는 짧은 위로의 한마디, 눈을 마주치며 전하는 따뜻한 관심, 그리고 가만히 손을 잡아주는 그 순간들이 아이들의 기억 속에 오랫동안 남는다. 누군가에겐 사소해 보일 수 있는 말과 행동 하나가, 아이에겐 세상에서 가장 든든한 위로가 될 수 있다. 학생들의 고백이 담긴 편지 한 장이 그날의 피로를 씻어주고, 지쳐 있던 마음에 다시 따뜻한 열기를 불어넣는 이유도 그 때문이다. 보건교사는 응급처치 키트를 들고 달려가는 사람인 동시에, 마음속 아픔까지 살펴주는 사람이다. 정서적 지지가 필요한 순간에 아이들이 먼저 떠올리는 존재가 될 수 있다는 것, 그 자체로 우리의 역할은 매우 특별하고 중요하다. 우리는 언제나 기술보다 태도, 약보다 공감으로 아이들의 곁에 서 있다. 보건실은 단순히 열을 재고 약을 주는 곳이 아니라, 아이들이 '나를 이해해 줄 수 있는 어른이 있다'라고 느끼는 공간이어야 한다. 보건교사의 손끝에서 전해지는 온기는 몸을 치료하는 것을 넘어, 마음의 균형을 회복시키는 치유의 시작이 될 수 있다. 내일도 또 한 명의 아이가 조심스레 보건실 문을 열고 들어올 것이다. 몸이 아프든 마음이 불편하든, 그 아이가 안심하고 마음을 내려놓을 수 있는 공간을 만들기 위해 우리는 오늘도 묵묵히 그 자리를 지킨다. 따뜻하게, 그리고 단단하게. 그것이 바로 우리가 아이들의 삶 속에 오래도록 남는 이유이며, 보건교사로서의 사명을 다시 새기게 되는 순간이다.

무심한 한마디로 얻게 된 깨달음

한 학생이 발목을 삐끗했다고 보건실을 찾았다. 점심시간에 친구들과 축구하다가 다쳤는데, 이후로 걸을 때마다 발목에 통증이 있다고 했다. 발목 상태를 확인해 보니 눈에 띄는 부기나 외상은 없었다. 그래서 타박상 겔을 발라주고, 붕대를 감아 주며 안정을 취할 것을 권했다. 그리고 혹시라도 시간이 지나도 통증이 지속되거나 심해지면 "엄마한테 말씀드려서 병원에 가보자"라고 말했다. 그런데 내 말을 들은 학생이 갑자기 머뭇거리며 표정이 어두워졌다. 두 눈에 눈물이 맺히더니, 한참을 망설인 끝에 조심스럽게 말했다. "선생님…… 저 엄마 없어요. 얼마 전에 돌아가셨어요." 예상치 못한 아이의 대답에 순간 아무 말도 할 수 없었다. 아이가 자신의 상처를 마주하며 울음을 참으려 애쓰는 모습이 보였고, 나는 그제야 내가 너무 무심하게 말했음을 깨달았다. "아, 그랬구나. 선생님이 몰랐어. 미안…… 엄마가 아니라도, 아빠나 집에 계신 어른께 말씀드리면 돼."라고 덧붙였지만 이미 아이의 마음에 상처를 남긴 뒤였다.

그 순간 이후, 나는 학생들에게 말할 때 특정한 가정환경을 전제하지 않도록 더욱 신중해졌다. '엄마'나 '아빠'라는 단어를 쓰기보다, "집에 가면 '어른'께 말씀드려 보자"라는 식의 표현을 사용하게 되었다. 보건실에는 다양한 배경을 가진 학생들이 온다. 한부모 가정, 조손 가정, 다문화 가정 등 학생들이 처한 환경은 저마다 다르다. 하지만 보건교사는 담임교사처럼 특정 학급의 학생들과 오랜 시간을 보내며 그들의 개인적인 배경을 파악하기 어렵다. 그렇기에 더더욱 보건실에서는 특정한 환경을 가정하지 않는 언어 습관을 기르는 것이 중요하다. 보건실을 찾는 학생들은 단순히 신체적인 문제뿐만 아니라, 심리적으로 의지하고 싶은 마음에 오는 경우도 많다. 그래서 보건교사의 말 한마디가 아이들에게 미치는 영향은 더 크다고 할 수 있다. 내가 평소에 하는 말 한마디가 단순한 정보 전달이 아니라, 어떤 아이에게는 위로가 될 수도 있고 반대로 어떤 아이에게는 깊은 상처가 될 수도 있다는 것을 늘 유념

해야 한다.

　대학교 4학년 때, 병원으로 실습을 나갔다. 그때도 나는 신중하지 못한 말 한마디가 얼마나 큰 실수가 될 수 있는지 뼈저리게 배운 적이 있다. 여러 과를 주기적으로 돌며 실습하던 중, 그날은 신장내과에서 시간을 보내고 있었다. 그곳에서 유독 기억에 남는 환자를 만났다. 20대 후반쯤으로 보이는 젊은 여성 환자였는데, 급성 신부전증으로 인해 주기적으로 투석을 받으러 오는 분이었다. 투석실에는 대부분 중년 이상의 환자들이 있었기에, 젊은 환자의 모습은 더욱 눈에 띄었고 나도 모르게 더 마음이 쓰였다. 실습생이었지만 조금이라도 도움이 되고 싶어 다가가 말을 걸고, 불편한 점이 없는지 세심히 살폈다. 그러던 중, 나는 그 환자의 겉모습을 보고 큰 착각을 했다. 전반적으로 몸이 몹시 마른 상태였지만, 배만은 비정상적으로 불러 있었다. 나는 그것을 임신 때문이라고 단정해 버렸다. 그리고 어느 날, 환자에게 다가가 "임신도 하셨는데 병원에 자주 오셔서 투석받으시느라 많이 힘드시죠?"라고 조심스럽게 물었다. 그 순간, 환자는 애써 미소를 지으며 "아…… 제가 배가 많이 불렀죠? 이게 복수 때문이에요."라고 답했다. 그제야 나는 내가 얼마나 큰 실수를 했는지 깨달았다. 신장 기능이 저하되면

체내에 복수가 찬다는 것은 학교에서도 배운 내용이었지만, 나는 그 사실을 전혀 떠올리지 못한 채 겉모습만 보고 성급하게 판단했다. 환자는 괜찮다고 했지만, 그 말을 들었을 때 속으로 얼마나 속상했을지 생각하니 마음이 무거워졌다. "정말 죄송해요. 제가 미처 생각을 못 했어요."라며 거듭 사과했지만, 이미 내 말이 그 환자의 마음에 상처로 남았을지도 모른다는 생각이 머릿속을 떠나지 않았다. 그날 이후, 나는 의료인의 말 한마디가 얼마나 중요한지 깊이 깨닫게 되었다. 병원에서는 환자와의 소통에서 한마디 말이 환자의 마음을 위로할 수도, 반대로 아프게 할 수도 있다는 사실을 늘 유념해야 한다.

의료 현장에서 신입 간호사들에게 가장 강조되는 것 중 하나가 바로 '환자의 병력을 충분히 파악한 후 말을 건네는 것'이다. 예를 들어, "아주 좋아지셨네요!"라는 말은 겉보기에는 긍정적이고 따뜻한 표현 같지만, 환자의 상태를 정확히 모른 채 건네면 오히려 실망감이나 불안을 키울 수 있다. 보건교사에게도 이 원칙은 똑같이 적용된다. 학생에게 "괜찮아, 곧 나아질 거야"라는 말이 항상 적절한 것은 아니다. 어떤 상황에서는 "아주 힘들었겠다."", "네가 그런 기분이 들 수도 있겠다"와 같이 그 마음을 먼저 인정해 주는 표현이 더 적절할 수 있다. 특히, 보건실을 찾는 학생 중에는 신체적인 이유뿐 아니라 심리적인 위로를 바라는 경우가 많다. 직접 고민을 털어놓지 않더라도, 교사의 말 한마디에서 위안을 얻거나 반대로 상처를 받을 수 있다는 점을 기억해야 한다. 그래서 보건교사는 경청하는 태도를 갖추는 것이 무엇보다 중요하다. 아이들의 표정과 말투 속에서 드러나는 감정을 읽고, 그 마음을 헤아려 주는 것이야말로 보건실에서의 진짜 치유의 시작이 된다.

신규 보건교사로 발령받은 학교에서 있었던 일이다. 처음 업무 분장표를 확인했을 때는 별다른 문제를 느끼지 못했다. 그러나 실제로 일을 해보니 어려운 점이 많았다. 저 경력 보건교사 커뮤니티에 조언을 구한 끝에, 대부분의 학교에서는 해당 업무를 보건교사가 담당하지 않는다는 사실을 알게 되었다. 물론 학교마다 업무 분장은 다를 수 있지만, 하면 할수록 보건교사가 맡을 일이 아니라는 확신이 들었다. 그럼에도 신규 교사가 일을 회피하려 한다는 인상을 주고 싶지 않았고, 관계를 중요하게 여기는 성격 탓에 쉽게 목소리를 내기 어려웠다. 결국 선배 보건교사들에게 조언을 구하며 근거자료를 하나씩 모았다. 관련 법령, 업무 매뉴얼, 기존 공문 등을 정리해 해당 업무가 보건교사의 업무가 아니라는 점을 명확히 했다. 그리고 용기를 내어 업무 분장 조정을 요청했고, 관련 교직원들과 회의를 열었다. 회의에 배부할 자료를 준비하면서 제목을 "○○ 업무별 담당자 지정"이라고 붙였다. 그러나 회의가 시작되기도 전에 한 선생님이 불쾌한 내색을 보였다. 제목 때문에 이미 업무 분장이 확정된 것처럼 보여 거부감이 들었다는 것이었다. 당시 나는 명확한 의사를 표현해야 한다고 생각해 단도직입적으로 적었지만, 결과적으로는 그 표현이 다른 구성원들의 오해를 불러일으킨 셈이었다. 그 일을 통해 나는 교직원 회의에서도 단어 하나가 회의의 분위기와 결과, 그리고 구성원과의 관계까지 좌우할 수 있다는 것을 깨달았다. 같은 내용이라도 "업무별 담당자 지정"은 이미 결정된 사항처럼 보일 수 있지만, "업무 담당 조정 논의안"이라고 하면 논의의 과정을 열어둔 인상을 줄 수 있다. 별거 아닌 것으로 보여도 이런 작은 차이가 협력적인 분위기를 만들거나 불필요한 반감을 사는 데 결정적인 영향을 미친다.

보건교사는 학교에서 협력을 이끌어야 하는 위치에 있다. 학교 내 특정 업무를 혼자 맡아야 하는 경우가 많고, 다른 교직원의 협조를 구해야 하는 일도 많다. 처음에는 명확하게 말하는 것이 중요하다고 생각했지만, 학교라는 조직에서는 협력과 합의를 바탕으로 일을 풀어나가는 것이 훨씬 중요하다는 사실을 배웠다. 내가 원하는 방향으로 나아가기 위해서는 논리적인 근거뿐 아니라, 상대가 받아들이기 좋은 방식으로 소통하는 기술이 필요하다.

　말은 한 번 뱉으면 다시 주워 담을 수 없다. 무심코 던진 한마디가 학생에게는 깊은 상처가 되고, 동료 교직원에게는 불필요한 오해를 불러일으킬 수 있다. 보건교사는 단순히 학생의 건강만 챙기는 사람이 아니라 학생에게는 심리적 안정을 주는 상담자이자, 교직원에게는 함께 일하는 동료다. 그렇기에 학생을 대할 때는 배려심 있는 언어를, 교직원과 협력할 때는 조율이 가능한 언어를 쓰는 것이 중요하다. 의미는 같아도 표현 방식에 따라 상대방의 마음은 전혀 다르게 움직인다. 특히 신규 보건교사일수록 관계 형성이 중요하다. 한마디의 말이 누군가에게 위로가 될 수도 있고, 반대로 부담이나 상처가 될 수도 있다. 보건실에서 학생과 마주할 때, 교직원과 협의할 때, 내가 건네는 말이 어떻게 들릴지를 한 번 더 생각하는 습관을 들이자. 학생과 교직원 모두와 신중하고 배려 깊게 소통하려는 그 작은 노력이 더 나은 학교, 생활을 만들어 가는 출발점이 될 것이다.

보건교사에게 네트워크의 힘이 필요하다

보건교사는 학교에서 유일한 의료인이다. 규모가 큰 일부 학교를 제외하면 대부분의 학교에서는 단 한 명의 보건교사가 보건 업무 전반을 혼자서 맡고 있다. 처음 발령을 받았을 때, 나는 이 구조가 가져오는 막막함을 온몸으로 느꼈다. 병원에서 일할 때는 프리셉터 제도 덕분에 신규 간호사도 1:1로 실무를 배울 수 있었고, 선배 간호사들에게 그때그때 조언을 구할 수 있었다. 그러나 학교는 달랐다. 보건실 업무를 어디서부터 어떻게 시작해야 할지 감도 잡히지 않았고, 결재 시스템부터 보건교육 준비까지 모든 것을 스스로 익혀야 했다. 다행히 전임 보건교사가 하나하나 자세하게 인

수인계를 해주었고, 다른 학교로 옮긴 후에도 전화로 자주 도움을 주셨다. 그분이 아니었다면 나는 첫 학기를 훨씬 더 힘겹게 보냈을지도 모른다. 그러나 아무리 감사해도, 계속해서 그 선생님에게만 의지할 수는 없었다. 결국 나는 나만의 길을 찾기 위해 '네트워크'의 필요성을 절실히 깨닫게 되었다.

그렇게 해서 만들어진 것이 발령 동기들과의 단체 채팅방이었다. 그곳은 나처럼 신규 보건교사로 막 발령을 받은 동기들과 함께 모여 서로의 어려움을 공유하고, 해결 방법을 찾아가는 공간이었다. 각자의 학교 상황은 달랐지만, 우리가 맞닥뜨리는 고민과 문제는 매우 비슷했다. 단톡방에서는 "이럴 땐 어떻게 해야 하지?"라는 질문이 끊임없이 오갔고, 누군가 해결한 사례가 다른 사람의 길잡이가 되었다. 혼자서 붙잡고 씨름하던 업무들이 동기들과 머리를 맞대면서 훨씬 더 수월하게 풀렸다. 때로는 우리끼리도 해결이 어려운 문제는 선배 보건교사에게 자문했고, 그렇게 얻은 정보를 다시 채팅방에 공유했다. 그렇게 우리는 하나의 작은 커뮤니티가 되었고, 그 네트워크는 나에게 단순한 정보 교류 이상의 의미가 되었다. 신규 교사 시절, 외롭고 두려웠던 나에게 '함께하는 힘'이 얼마나 큰지를 알려준 참 고마운 연결고리였다.

사실 네트워크의 필요성을 처음으로 뼈저리게 느낀 건, 바로 임용시험을 준비하던 시절이었다. 주변에 보건교사 임용을 준비하는 사람이 전혀 없어, 처음에는 인터넷 검색에 의존하며 이리저리 정보를 뒤적였다. 검증되지 않은 강의를 수강하고, 비효율적인 방법으로 공부하다가 시간과 돈을 허비한 일도 많았다. 방향 없이 헤매던 중, 우연히 알게 된 교사 임용 준비 카페는 내게 처음으로 진짜 정보를 제공해 주는 창구가 되어 주었다. 그곳에서 자연스럽게 스터디 그룹을 만들게 되었고, 나와 같은 목표를 가진 이들과 함께 공부를 이어갈 수 있었다. 그 스터디 모임은 단순히 지식을 나누는 공부 모임 그 이상이었다. 매일 같이 혼자 책상에 앉아 외롭고 불안했던 시간을, 함께 걷는 사람들과의 연결 덕분에 버틸 수 있었다. 우리는 모두 같은 시험을 준비하는 경쟁자이기도 했지만, 동시에 서로의 마음을 헤아리고 지지해 주는 든든한 동반자가 되어 주었다. 그 경험은 단지 임용시험을 통과하게 해준 것이 아니라, '혼자 가는 것보다 함께할 때 더 멀리 갈 수 있다'라는 교훈을 남겼다. 공부할 때도, 일할 때도, 나를 이해하고 같은 방향을 바라보는 이들이 곁에 있다는 사실은 때론 그 무엇보다 큰 힘이 된다. 보건교사가 된 지금도 그 경험은 언제나 혼자일 수밖에 없는 상황에서 어떻게 혼자가 아닌 힘을 만들어낼 수 있는지를 알려주는 나침반이 된다.

학교 현장에서 보건교사로 근무하며 네트워크의 중요성은 더 절실하게 다가왔다. 학교 안에서는 혼자지만, 학교 밖에는 언제든 조언을 구할 수 있는 선배와 동료들이 있다. 특히 코로나19 팬데믹 초기에 그 힘을 실감했다. 감염병 지침은 수시로 바뀌었고, 교육청 매뉴얼 속 내용은 해석이 명확하지 않은 경우도 많았다. 그런 상황 속에서 온라인 보건교사 커뮤니티와 지역 네트워크는 나에게 가장 신뢰할 수 있는 안내서가 되었다. 전국 각지의 보건교사들이 자발적으로 방역 사례를 공유했고, 지침 해석에 대한 다양한 의견들이 오갔다. 이 네트워크를 통해 나는 내 학교의 현실에 맞는 대응 방안을 빠르게 도입할 수 있었고, 불필요한 시행착오를 줄일 수 있었다. 혼자였다면 모든 것이 처음인 상황에서 훨씬 더 지치고 불안했을 것이다. 이 경험은 네트워크가 단순한 정보 교류를 넘어 위기 속 '실질적 생존 도구'가 될 수 있다는 걸 깨닫게 해 주었다.

보건교사에게 네트워크가 필요한 이유는 크게 두 가지로 이야기할 수 있다.

첫째, 업무적인 측면에서의 도움이다.

보건교사는 학교 내에서 혼자 일하는 구조이기 때문에, 실무를 하다 보면 늘 '이 방식이 맞는 걸까?'라는 의문이 들 때가 있다. 아무리 경력이 쌓여도 학교마다 환경과 상황이 다르다 보니, 새로운 문제에 직면할 때마다 혼자서 해결하기엔 한계가 생긴다. 이럴 때 외부의 네트워크는 실질적인 해답이 되어 준다. 나는 지금도 지역 보건교사 협의회나 교육청 주관 연수에서 만난 동료들과 꾸준히 연락하며, 실무나 교육 자료에 대한 정보를 주고받는다. 어떤 때는 내가 후배의 질문에 답해주는 선배가 되고, 또 어떤 때는 새로운 제도나 정책을 빠르게 습득하기 위해 배우는 입장이 되기도 한다. 이렇게 주기적인 상호작용을 통해 나의 업무 방식을 점검하고 개선할 수 있고, 이는 결국 보건교사로서의 전문성을 한층 높이는 계기가 된다. 변화하는 교육 환경 속에서 지속적인 배움과 나눔을 이어갈 수 있게 해주는 것, 바로 그것이 네트워크의 힘이다.

둘째, 정서적인 측면에서의 지지다.

업무적인 해결만큼이나, 마음을 나눌 수 있는 관계망은 보건교사에게 필수적이다. 신규 보건교사 시절, 나는 학교문화에 적응하지 못해 지치고, 자꾸만 위축되는 나 자신을 느낀 적이 있다. 매일 쌓여가는 일들과 정서적 고립감에 힘들어하던 그때, 나를 붙잡아준 건 발령 동기들과의 단톡방이었다. 단순한 잡담에서 시작한 대화 속에서 '나만 그런 게 아니구나', '다들 비슷한 고민을 하고 있구나'라는 공감을 얻었고, 그것이 생각보다 큰 위로가 되었다. 보건교사는 늘 침착하고 이성적이어야 할 것처럼 보이지만, 사실 누구보다 공감받고 싶은 존재이기도 하다. 그래서 네트워크는 단지 정보를 주고받는 통로를 넘어서, 우리 마음을 지지해 주는 안전한 울타리가 된다. 힘들었던 하루를 털어놓고, 작은 실패조차 부끄러워하지 않고 나눌 수 있는 사람들. 그 존재 덕분에 나는 지치지 않고, 오래도록 이 일을 사랑하며 계속할 수 있는 힘을 얻고 있다.

보건교사에게 네트워크는 이제 더 이상 선택이 아니다. 학교에서 유일한 의료인으로서 혼자 일하는 구조 속에 있지만, 그렇다고 혼자일 필요는 없다. 혼자서는 해결하기 어려운 수많은 상황 앞에서, 우리는 연결됨으로써 훨씬 더 유연하고 단단하게 대응할 수 있다. 실무적인 조언이 필요한 순간에도, 감정적으로 지치고 외로운 날에도, 함께하는 보건교사들의 존재는 언제나 든든한 힘이 된다. 팬데믹이라는 전대미문의 위기를 겪으며 우리는 명확히 알게 되었다. 혼자서 버티는 것보다, 연결되어 버티는 것이 훨씬 더 강하다는 사실을⋯⋯. 전국 각지의 보건교사들이 서로의 노하우를 나누고, 수시로 바뀌는 지침 앞에서 함께 고민하며 만든 그 경험의 축적은 단지 정보를 넘는 '집단 지성'의 힘이었다.

네트워크는 단순히 '질문하고 답하는 구조' 그 이상이다. 처음엔 조심스럽게 도움을 요청하던 신규 보건교사였지만, 시간이 흐르면서 어느새 누군가에게 작은 팁 하나라도 나눌 수 있는 사람이 되어 있는 나 자신을 보게 된다. 이 변화는 혼자서는 결코 경험할 수 없는 성장의 과정이다. 때로는 내가 도움을 받고, 또 때로는 누군가의 길잡이가 되며 우리는 서로의 성장을 끌어내는 순환 구조 안에 서게 된다. 보건교사라는 직업은 혼자의 역량만으로 완성되는 일이 아니다. 다양한 현장 경험과 끊임없는 소통을 통해 서로를 북돋우고, 함께 방향을 잡아가는 집단적인 전문성이 필요하다. 그래서 학교 안에서는 혼자일지 몰라도, 학교 밖의 연결된 보건교사들과 함께라면, 어떤 위기에도 흔들리지 않는 든든한 기반을 가질 수 있다. '함께'라는 단어가 그 어느 때보다도 깊게 와닿는 요즘이다. 내가 만들거나, 혹은 누군가가 열어준 그 작은 네트워크 하나가 어느 날은 나를 지탱해 주고, 또 어느 날은 내가 누군가에게 힘이 되어 주는 기반이 된다. 나만의 네트워크를 만들고, 그 안에서 서로 배우고 나누는 일상의 습관을 길러보자. 그렇게 쌓인 연결은 언젠가 더 안전한 학교를 만들고, 더 따뜻한 보건실을 지키며, 더 성장하는 보건교사로 나아가는 길이 된다. 빠르게 혼자 가는 것보다, 오래도록 지치지 않고 함께 가는 것이 더 중요할 때가 있다. 그리고 그 길은 결코 혼자의 몫이 아니다. 우리가 이어가는 관계 속에서, 우리는 다시 힘을 얻고, 더 멀리 나아갈 수 있다.

보건교사 2인 배치 보건실,
가장 어려운 점

같은 날, 불과 몇 분 차이로 태어난 나의 쌍둥이 딸들은 놀라울 만큼 다르다. 좋아하는 음식, 옷, 즐겨 읽는 책, 자주 쓰는 말투까지도 전혀 닮지 않았다. 성격마저 정반대여서, 가끔은 '정말 이 아이들이 같은 엄마 배에서 나온 게 맞나?' 싶은 순간이 있을 정도다. 생김새까지 확연히 달라서였을까. 학기 초 한 달이 지나도록 반 친구들조차 두 아이가 쌍둥이 자매라는 사실을 몰랐다는 이야기를 들었을 때, 나도 모르게 웃음이 났다. 그렇게 다른 두 아이는 사이좋게 놀다가도 금세 투덕거리기 일쑤였다. 그러던 어느 날, 아이들의 말다툼을 중재하다가 문득 이런 생각이 스쳤다. '그래, 사람은 원래 다를 수밖에 없지.' 예전에는 쌍둥이라면 서로 잘 통하고 모든 것이 잘 맞을 거라고 막연히 생각했지만, 쌍둥이 육아를 하며 나는 그 '다름'을 인정하는 법을 배워갔다. 그리고 이 깨달음은 가정에서뿐만 아니라 사회생활 속 인간관계에서도 꼭 필요한 통찰임을 알게 되었다. 나와 똑같은 사람은 세상에 없고, 다름은 불편함이 아니라 함께 살아가기 위해 서로가 배워야 할 소중한 부분이라는 것을, 나는 이렇게 내 아이들을 통해 배웠다.

특히 나는 2인 배치 보건실에서 다른 보건교사와 함께 근무하게 되면서 이 '다름을 인정하는 일'이 얼마나 중요한지를 다시금 실감하게 되었다. 나는 병원에서 10년 넘게 간호사로 일했고, 이제는 보건교사 5년 차가 되어 간호 업무에도, 교직 문화에도 익숙해졌다고 생각했다. 하지만 보건교사 2인 배치 교로 지원하기 전, 두 명이 함께 같은 공간에서 일한다는 건 또 다른 차원의 도전이었다. 병원에서도 늘 여러 사람과 함께 근무했지만, 역할이 어느 정도 나뉜 구조였기에 지금처럼 한정된 공간과 동일한 업무를 공유하는 환경과는 달랐다. 게다가 이전부터 들었던 "2인 보건실은 둘이 일해서 더 어렵고 힘들다"라는 선배들의 조언이 자꾸 마음에 걸렸다. 코로나 유행 시절, 방역 인력들 사이에서 관계 조율이 쉽지 않았던 경험도 겹쳐 더 조심스러운 마음이 들었다. 그럼에도 이 학교는 여러 이유로 내가 개인적으로 꼭 오고 싶었던 곳이었고, 결국 스스로 선택한 일이었기에 감당해 보기로 했다. 그리고 그 선택은 내게 보건교사로서의 또 다른 과제를 안겨주었다.

2인 보건실에서 일하며 가장 먼저 마주한 어려움은 '업무처리 방식의 차이'였다. 보건교사는 대부분 오랜 시간 혼자 일하며 자신만의 업무 철학과 습관을 형성한다. 그런데 그 철학이 서로 다를 경우, 작은 일에서도 생각보다 쉽게 충돌이 생긴다. 실제로 어떤 학교에서는 학생이 두피 열상으로 보건실을 찾았을 때, 한 보건교사는 응급실 간호사로 일했던 경험을 바탕으로 상처 부위 감염 예방을 위해 주변 머리카락을 먼저 깎아야 한다고 판단했다. 반면 다른 보건교사는 우선, 지혈을 하고 드레싱을 한 뒤, 보호자 동의를 받아 병원으로 이송하는 것이 우선이라고 주장했다. 두 사람 모두 나름의 경험과 논리에 따른 판단이었고, 어느 쪽이 완전히 옳다고 단정하기 어려운 상황이었다. 그러나 이런 작은 차이가 누적되면서 갈등이 깊어졌고, 결국 한 보건교사는 다음 해 다른 학교로 이동했다고 한다. 이런 차이는 두피 열상 처치와 같은 응급 상황에서만 나타나는 것이 아니다. 보건일지 작성, 약품 정리, 보건실 환경 관리처럼 일상적인 업무에서도 보건교사마다 선호하는 방식은 제각각이다. 겉으로 보기에는 사소해 보여도, 매일 부딪히다 보면 의외로 큰 불편과 오해를 만든다. 이런 이야기를 들으며, 나 역시 나만의 방식에 얼마나 익숙해져 있었는지를 돌아보게 되었다.

보건교사 2인이 함께 일하는 공간에서는 서로의 다름을 인정하고, 어느 정도는 상대방의 방식을 받아들이려는 태도가 필요하다. 물론, 내가 지키고 싶은 원칙이 있을 수 있고, 상대방도 마찬가지다. 이때 중요한 것은 '무엇이 옳은가?'를 따지기보다, 둘이 함께 학생에게 더 나은 보건 서비스를 제공하기 위해 어떤 선택이 필요한지를 고민하는 일이다. 나 역시 보건일지를 어떻게 쓸지, 처치 도구를 어디에 배치할지, 약품 관리 기준을 어떻게 정할지 등에 대해 나름의 생각이 있었지만, 상대방의 이야기를 들으며 "그렇게 할 수도 있겠구나" 하고 받아들이게 되었다. 때로는 내 방식이 더 효과적일 때도 있었고, 때로는 그 선생님의 방식이 더 합리적일 때도 있었다. 중요한 것은 서로의 방식을 '틀렸다'라고 단정하지 않는 태도였다. 이렇게 서로의 다름을 존중하고 받아들이는 과정이 쌓이면, 어느 순간부터는 자연스럽게 '우리의 방식'이 만들어지기 시작한다. 그것은 어느 한쪽의 승리가 아니라, 서로의 경험과 관점을 인정하며 조율한 결과이기에 더 단단하고 오래 지속된다.

또 하나의 어려움은 '관계의 긴장감'이었다. 2인 보건실은 물리적으로 가까운 공간에서 하루 대부분을 함께 보내야 하기에, 작은 오해도 쉽게 커질 수 있다. 처음에는 서로를 잘 모르기 때문에 실수에 관대하지 못한 경우도 많고, 업무 부담을 나누는 방식에서도 균형을 잡기가 쉽지 않다. 한 사람이 주도하는 것처럼 보이면 다른 사람은 소외감을 느끼기 쉽고, 반대로 책임을 명확히 나누지 않으면 업무 분장이 불공평하다는 불만이 쌓인다. 특히 내가 전입해 온 경우에는 기존에 근무하던 선생님의 스타일에 맞춰야 한다는 심리적 부담이 크다. 자칫 잘못하면 '보이지 않는 위계'가 형성되기 쉬운 구조다. 나는 이 관계를 조금 더 평등하고 건강하게 만들고 싶었다. 그래서 의식적으로 내 의견을 먼저 제시하기보다, 상대방의 이야기를 먼저 듣고 의견을 묻는 방식으로 접근했다. 업무보다도 감정이 먼저 소모되는 관계 속에서, 서로 지치지 않으려면 감정을 덜어내고 '우리는 함께 더 나은 보건실을 만들기 위해 이 자리에 있다'라는 중심을 놓지 않아야 했다.

이런 관계 속에서 가장 중요한 것은 솔직한 소통이다. 감정이 상하기 전에 조심스럽게 생각을 전하고, 일의 목적과 방향을 함께 공유하려는 노력이 필요하다. 나는 불편한 마음이 들어도 곧바로 말하지 못했지만, 시간이 지나며 신뢰가 조금씩 쌓이자 "그때 그 말이 조금 신경 쓰였다"라고 솔직하게 털어놓을 수 있었다. 그러면 상대방도 자신의 의도가 그런 뜻이 아니었음을 설명했고, 우리는 그렇게 서로의 간극을 좁혀갈 수 있었다. 이 과정을 거치면서 '우리'가 되어간다는 것을 배웠다. 물론 지금도 가끔 의견이 엇갈릴 때가 있다. 하지만 이제는 그 다름을 받아들이는 여유가 생겼고, 그 안에서 내가 성장하고 있다는 확신도 생겼다. 처음엔 낯설고, 어렵게만 느껴졌던 2인 보건실 근무가, 지금은 나에게 많은 것을 가르쳐 주는 소중한 시간이 되고 있다. 다름을 인정하고, 함께 일하는 법을 익혀가는 중이다.

보건교사 2인 배치 보건실에서 마주하는 가장 어려운 점은 결국 '서로 다른 방식으로 일하는 두 사람이 같은 공간에서 함께 조율해 나가는 일'이다. 업무 처리의 우선순위, 학생을 대하는 태도, 보건일지의 기록 방식, 보건실 환경을 관리하는 기준까지 모두 면에서 다름을 마주하게 된다. 게다가 이 다름은 단순한 차이로 그치지 않고, 감정의 긴장감을 동반하는 경우가 많다. 상대방과 잘 지내고 싶지만, 나도 내 기준을 지키고 싶고, 어느 쪽이 옳은지 판단이 어려울 때면 조심스러움과 답답함이 뒤엉킨다. 그러나 이 어려움은 반드시 회피해야 할 대상이 아니다. 오히려 그것은 더 단단한 나를 만들어주는 과정이 된다. 다름을 마주할 때마다 나의 관점을 돌아보게 되고, 감정의 벽 앞에서 내가 어떤 사람인지 더 깊이 이해하게 된다. 그렇게 다름을 이해하고 조율해 가는 반복 속에서 우리는 협업의 본질을 조금씩 배워간다.

혼자서는 몰랐던 자기 모습도 들여다보게 되고, 서로를 통해 더 나은 방향을 모색할 수 있게 된다. 2인 보건실은 단순히 일이 나눠지는 공간이 아니라, 사람과 사람이 함께 일하는 법을 배우는 귀한 현장이다. 특히, 보건교사로서의 첫발을 내딛는 신규 선생님에게는 실무를 바로 옆에서 지켜보고 배우며 시행착오를 줄일 좋은 기회가 된다. 오랜 시간 혼자 일해온 경력 교사에게는 익숙한 틀을 벗어나 타인의 방식을 통해 더 유연해질 수 있는 자극이 되기도 한다. 물론 함께 일한다는 것이 늘 쉽고 편한 일은 아니지만, 함께이기에 누릴 수 있는 따뜻함과 배움은 혼자서는 결코 얻을 수 없는 선물이다. 때로는 누군가와 커피 한 잔을 나누며 보건실의 하루를 정리하는 시간이, 아이들의 상태를 함께 의논하는 짧은 회의가, '혼자가 아니라는 안도감'을 선물한다. 그러니 지금 당신이 2인 배치 보건실에서의 근무를 앞두고 있다면, 너무 염려하지 않아도 괜찮다. 힘들고 복잡한 순간도 분명히 있겠지만, 그 모든 시간을 통해 당신은 더 깊어진 마음과 시선으로 아이들을 대하게 될 것이다. 결국 우리는 혼자가 아닌, 함께 일할 때 더 단단해질 수 있다. 지금 이 시간이 바로 그런 성장을 시작하는 출발점이 되어 줄 것이다. 그리고 언젠가 뒤를 돌아보았을 때, 서로 다른 색깔이 어우러져 만든 그 시절의 보건실이, 당신의 교직 생활 속에서 가장 기억에 남는 장면 중 하나가 되어 있을 것이다.

2인 보건실, 함께 일하는 법을 배우는 귀한 시간이다

병원에서 신규 간호사 시절, 나는 누구보다 부지런히 뛰어다녔다. 모니터 알람이 울리면 곧장 달려가 필요한 처치를 바로 했다. 그러나 시간이 지나면서 이상한 점을 발견했다. 분명 열심히 하고 있는데도, 선배들이 응급상황에서 보여주는 속도와 안정감에는 미치지 못했다. 한 박자 늦게 움직이거나, 우선순위를 헷갈릴 때가 있었다. 그 차이는 단순히 기술이나 경험의 양이 아니었다. 긴박한 상황에서 '어떤 환자를 먼저, 어떤 순서로 도울지' 판단하는 감각, 그리고 환자를 살피는 시야의 넓이가 달랐다. 나는 내 환자만 보기에 익숙했지만, 선배들은 회복실 전체를 한눈에 보고 있었다. 둥

글게 배치된 침상들이 간호 스테이션을 둘러싸고 있는 구조에서, 그들은 자신의 환자를 살피면서도 다른 환자의 얼굴빛, 수액 속도, 모니터 수치 변화를 동시에 관찰했다. 응급상황이 발생하면 자기 환자뿐 아니라 옆자리, 심지어 몇 자리 건너 환자에게도 가장 먼저 달려갔다. 처음엔 의아했다. '자기 환자도 바쁠 텐데 왜 다른 환자에게 먼저 가지?' 하지만 조금씩 관찰하며 알게 됐다. 그 환자가 더 위험하다는 것을, 몇 초만 늦어도 상황이 급격히 나빠질 수 있다는 것을, 그들은 이미 감으로 알고 있었다. 그 감각을 배우기 위해 나는 일부러 일찍 출근해 스테이션에 서서 회복실 전체를 보는 시간을 가졌다. 환자의 변화를 멀리서도 관찰하고, 선배들의 동선을 유심히 지켜봤다. 응급상황에도 그들은 표정을 잃지 않고 필요한 장비와 약물을 정확히 챙겨 동료와 호흡을 맞췄다. 그런 모습을 보며 '이럴 땐 저 환자를 먼저 도와야 하는구나!' 하는 판단이 조금씩 쌓였다. 처음엔 머리로만 이해했지만, 어느 순간부터는 나도 모르게 그 흐름을 따라 움직이고 있었다. 하루하루가 쌓이자, 나의 시야도 넓어졌다. 예전에는 내 환자만 보던 눈이 회복실 전체를 둘러볼 수 있게 됐다. 모니터 경고음이 들리면 내 환자가 아니어도 몸이 먼저 반응했다. 어느 날은 선배가 오기 전에 내가 먼저 처치를 시작했고, 선배가 "이제 너도 감이 생겼네"라고 웃으며 말했다. 그 한마디가 그동안의 노력과 관찰이 헛되지 않았음을 증명해 주는 것 같았다. 작은 깨달음들이 모여, 나는 조금씩 '누군가의 든든한 동료'로 자라나고 있었다.

그 경험을 통해 나는 '함께 일한다'라는 것이 단순히 같은 공간에 있는 것을 뜻하지 않는다는 사실을 알게 됐다. 서로 다른 방식과 속도를 인정하며, 같은 목표를 향해 호흡을 맞추는 과정이 필요하다는 것도 배웠다. 그래서 보건교사가 되었을 때, 병원에서 익힌 이 감각이 혼자 일하는 보건실에서도 든든하게 작용할 거로 생각했다. 오히려 모든 일을 스스로 계획하고 실행하는 환경이 더 편할 거라 믿었다. 그러나 2인 배치 학교에 발령받으면서, 익숙했던 '혼자 일하기'와는 전혀 다른 도전이 시작됐다. 이제는 누군가와 하루 대부분의 일을 함께 나누며 '함께' 해야했기 때문이다.

보건교사 2인 배치 보건실은 생각보다 훨씬 복잡했다. 응급상황 대응, 학생 처치의 역할 분담, 보건 수업 준비, 감염병 관리까지 하루에도 여러 차례 함께 논의해야 했다. 그중에서도 가장 민감한 부분은 '인계'였다. 병원에서 근무할 때 나는 인계의 중요성을 뼈저리게 느꼈다. 교대 시간에 환자 상태나 투약 기록이 정확히 전달되지 않으면, 그 작은 빈틈이 환자 상태 악화나 투약 오류로 이어질 수 있었기 때문이다. 그래서 병원에서는 '철저한 인계'가 일종의 생명줄 같은 문화였다. 그러나 학교 보건실은 교대 근무가 없는 구조라 인계 문화가 상대적으로 약한 편이었다. 그런데 2인 배치 보건실에 오자 이야기가 달라졌다. 얼마 전 아침, 내가 보결지도로 교실에 있는 동안 동료 보건교사가 밀려드는 학생들을 처치하느라 침상에서 안정을 취하던 학생을 알리지 못한 채 급히 1교시 수업에 들어간 일이 있었다. 나는 보결지도를 마치고 돌아와서야 그 학생이 혼자 누워 있는 것을 발견했고, 순간 심장이 철렁 내려앉았다. 잠깐의 시간이었고, 다행히 큰 이상은 없었지만 우리는 그 일을 계기로 보건실을 방문하는 모든 학생에 대해서 반드시 구두나 메모 등 어떤 방식으로든 인계를 하기로 약속했다. '함께 일하는 법'은 이렇게 부족했던 순간을 돌아보고, 같은 실수를 반복하지 않기 위해 함께 방법을 찾아가는 과정에서 조금씩 몸에 새겨지는 것 같다.

2인 보건실에서 함께 일하는 법을 배우기 위해 내가 초반에 가장 집중한 것은 '관찰'과 '모방'이었다. 학창 시절에도, 병원에서도 나는 누군가의 좋은 점을 보면 닮으려 했다. 2인 배치 학교에 처음 발령받았을 때도 마찬가지였다. 이미 이 학교에서 근무 중인 선생님의 정돈된 업무 스타일이 눈에 들어왔다. 하루를 시작하기 전, 보건실 기구와 환경을 소독하고, 적정 온도와 습도를 조절하며, 학생들을 맞을 준비를 차분히 해나가는 모습은 마치 하루의 기초를 단단히 쌓는 의식처럼 보였다. 나는 그 루틴을 유심히 지켜보며 메모했고, 그대로 따라 해보았다. 처음에는 단순한 흉내에 불과했지만, 시간이 지날수록 그 습관은 내 것이 되었다. 기구를 닦으며 그날 필요한 소모품을 미리 점검하게 되었고, 온습도를 조절하며 계절과 날씨에 맞는 건강관리의 중요성을 체감했다. 선생님의 작은 손길 하나하나에 담긴 세심함은 내 일에도 스며들었다. 예전 같으면 지나쳤을 세부 사항을 놓치지 않게 되었고, 학생들이 보건실 문을 열고 들어왔을 때 느끼는 '안정감'의 의미도 조금씩 알게 됐다.

관찰과 모방의 시간은 단순한 기술 습득이 아니었다. 그것은 나보다 앞서 이 자리에서 쌓아온 노하우를 몸으로 익히는 과정이었고, 동시에 나만의 방식과 합쳐져 새로운 스타일로 재탄생하는 시간이기도 했다. 혼자였다면 몇 년은 걸렸을 깨달음을, 곁에서 보고 배우며 단축할 수 있었다. 그래서 나는 2인 보건실을 '함께 일하는 법을 가장 빠르고 깊이 배울 수 있는 현장'이라고 생각하게 됐다.

이렇게 곁에서 보고 배우며 쌓인 시간은 나를 더 단단한 보건교사로 만들었다. 그래서 나는 이 글을 통해 보건교사 2인 배치 보건실의 또 다른 얼굴을 전하고 싶다. 보통 2인 배치 교에 관해 물으면 부정적인 반응이 먼저 돌아온다. 나 역시 처음 지원했을 때, 주변에서 걱정스러운 말투로 말리는 동료들이 많았다. 하지만 막상 경험해 보니, 이 또한 보건교사로서는 소중한 기회가 될 수 있었다. 물론 혼자 일할 때보다 더 많은 조율과 대화가 필요하지만, 그 안에는 혼자서는 얻기 힘든 배움이 숨어 있다. '함께 일하는 법'은 책이나 연수에서 배우는 이론이 아니라, 매일의 경험 속에서 조금씩 익혀지는 것이다. 서로의 실수와 감정을 인정하며, 함께 나아가는 과정에서 비로소 배움이 깊어진다. 이제 막 보건교사로 첫발을 디딘 선생님이 있다면, 혹은 처음으로 2인 배치 보건실에서 일하게 된 선생님이 있다면, 서툴러도 괜찮고, 완벽하지 않아도 괜찮다고 말해주고 싶다. 중요한 건 '함께하려는 마음'이다. 그 마음만 있다면 우리는 충분히 서로를 보듬으며 성장할 수 있다.

보건교사의 삶이 결국 나를 성장시킨다

나의 첫 발령지는 경북 구미였다. 당시 나는 어린 쌍둥이를 키우며 주말부부로 지내야 했고, 직장과 육아를 병행하려면 친정의 도움이 절실했다. 그래서 친정 부모님이 계신 경산에서 출퇴근하기로 했다. 하지만 나에게 운전은 또 하나의 큰 산이었다. 면허는 10여 년 전에 땄지만, '장롱면허'라는 말이 딱 들어맞는 상태였고, 실제로 도로에 나가본 경험은 거의 없었다. 그 당시에는 새로운 학교생활에 적응하는 것보다도 매일 고속도로를 타고 왕복 140km를 달려야 한다는 사실이 더 무섭고 걱정스러웠다. 길도 낯설고 운전에도 자신이 없던 나는 매일 아침, 목숨 걸고 출근하는 기분으로 차에 올랐다. 선택지가 없었기에 하루 두세 시간씩 운전하는 삶을 감수할 수밖에 없었다. 비가 오면 빗길이, 눈이 오면 결빙이 걱정이었고, 회식이 있는 날이면 밤길 운전이 두려워 제대로 밥을 먹지도 못했다. 매일 아침 일기예보를 확인하고, 조금이라도 비 소식이 들리면 그날 하루의 컨디션까지 영향을 받았다. 첫 한 달은 운전 내내 온몸에 힘이 들어가 있어, 학교에 도착하면 팔과 다리가 굳은 듯 아팠고 몸살이 난 것처럼 온몸이 쑤셨다. 새벽 6시면 집을 나서야 했고, 고속도로 위에서 보내는 시간만도 하루에 세 시간 가까이 됐다. 그렇게 몇 년을 버티다 결국 경산으로 관외 이동에 성공했고, 더 이상 매일 아찔한 고속도로를 달려 출퇴근하지 않아도 되는 날이 찾아왔다.

요즘 나는 주말부부 생활을 하며 아이들과 함께 서울과 경산을 자주 오간다. 평소에는 KTX가 편하지만, 서울에 오래 머무를 때는 짐이 많아 차로 이동하곤 한다. 불과 몇 년 전까지만 해도 상상조차 하지 못했던 일이다. 초보 운전이라 고속도로에 진입하는 것조차 두려워하던 내가, 4시간을 넘게 운전해 서울까지 간다는 거 그야말로 큰 도전이었다. 하지만 구미까지 매일 오갔던 출퇴근 경험이 지금의 나를 바꾸어 놓았다. '매일 두 시간 넘게 왕복 운전을 했는데, 이 정도는 아무것도 아니지'라는 마음으로 처음 서울까지 운전해 보니, 생각보다 다닐 만했다. 그렇게 차근차근 익숙해진 장거리 운전은 어느새 아이들과 함께하는 여행의 시간이 되었고, 그 과정에서 나는 두려움을 견디는 법, 불안을 다스리는 법을 배웠다. 예전에는 그저 고통스럽고 부담스럽기만 했던 일상이었지만, 시간이 흐른 지금 돌아보니 그 시절이 나를 더 단단하게 만들어주었다는 걸 느낀다.

새로운 환경에 적응해야 하는 보건교사의 삶도 이와 크게 다르지 않다. 학교를 옮길 때, 함께 일하는 사람이 바뀔 때, 업무의 방식이나 문화가 달라질 때마다 낯설고 두려운 고비가 찾아온다. 때로는 매일 아침이 긴장으로 가득 차고, 업무 하나하나에 자신감이 없을 때도 있다. 하지만 그런 경험을 하나씩 지나고 나면, 어느새 예전보다 조금 더 유연해지고 단단해진 나 자신을 마주하게 된다. 그때는 그저 버겁고 힘들기만 했던 상황들이 시간이 지나면 결국 나를 키우는 자양분이 되었음을 깨닫게 된다. 그래서 지금 내게 어떤 어려움이 닥치더라도 마음속으로 되뇐다. '이 경험도 언젠가는 나를 성장시킬 거야.' 그렇게 다짐하며 오늘도 한 걸음씩 나아간다.

올해 나는 새로운 학교로 발령을 받았다. 오래전부터 간절히 바라던 일이었다. 첫 발령지부터 장거리 출퇴근에 많은 에너지를 쏟았기에 집과 가까운 학교에서 근무해 보고 싶었다. 쌍둥이를 돌보며 부쩍 늙으신 친정 부모님을 육아에서 조금이라도 벗어나게 해 드리고 싶은 마음도 있었다. 새로운 사람들과 다시 시작하고 싶은 기대도 컸다. 마침내 그 소망이 이루어졌으니 당연히 기뻐질 줄 알았다. 그런데 막상 짐을 정리하던 날, 마음속에 가장 크게 자리한 건 '아쉬움'이었다. 그 학교에서의 2년은 순탄치 않았다. 출근 첫날부터 업무 분장을 두고 갈등이 있었고, 몇몇 구성원과 관계도 원활하지 않았다. 점점 사람들과 거리를 두게 되었고, 점심 급식도 신청하지 않은 채 보건실에만 머물렀다. 그렇게 2년을 보냈는데, 떠나는 마지막 주는 이상하게 마음 한편이 허전했다. 왜일까 곰곰이 생각해 보니, 나는 완전히 혼자가 아니었다. 오가며 "고생 많다"라는 인사를 건네주던 선생님들, 업무를 배려해 주던 관리자, 그리고 보건실을 찾아와주던 아이들의 눈빛과 말들이 있었다. 그 속에서 나도 모르게 관계를 맺고, 정을 주고받고 있었다. 그래서 떠날 때 아쉬움이 더 크게 다가왔다. 이번 경험을 통해 보건실은 혼자 일하는 공간일 수 있지만, 나는 결코 혼자가 아니라는 것을 깨달았다. 그리고 앞으로 어떤 학교에서든 더 열린 마음으로 동료를 대하고, 따뜻한 시선으로 아이들을 맞이하리라 다짐했다. 다음 이별을 맞이할 땐 더 후회 없이 "고마웠다, 잘 지냈다"라고 말할 수 있기를 바란다.

보건교사로 일하다 보면 관계에서 상처받을 때도, 외로움을 느낄 때도 있다. 그러나 그런 순간들조차 나를 더 단단하게 만드는 성장의 과정임을 이제는 믿는다. 그리고 무엇보다, 그 과정을 함께해주는 사람들이 곁에 있다는 사실이 얼마나 큰 위로와 힘이 되는지 점점 더 깊이 깨닫고 있다.

첫 발령 학교에서는 웃지 못할 해프닝도 있었다. 다친 학생을 처치하던 중, 아이가 세족기를 가리키며 "선생님, 저기 쥐가 있어요"라고 했다. 설마 하고 고개를 돌리니 정말 생쥐 한 마리가 우리를 뚫어져라 보고 있었다. 나는 비명을 지르며 책상 위로 올라갔고, 아이도 내 반응에 놀라 울음을 터뜨렸다. 쥐는 소란에 놀라 도망쳤고, 시설 주무관님이 왔지만 결국 잡히지 않았다. 그 후 보건실은 나에게 두려움의 공간이 됐다. 언제 다시 나올지 몰라 출근할 때마다 문을 두드리고, 일부러 발을 구르며 들어갔다. 발밑에서 갑자기 쥐가 나타날까 봐 의자 위에 쪼그려 앉아 일을 하며 쥐가 빨리 잡히기만 기다렸다. 그런데 또 한편으로는, 덫에 걸린 쥐를 마주할까 봐 두렵기도 했다. 그렇게 일주일쯤 지나 주말 동안 쥐가 잡혔다는 소식을 들었다. 그리고 몇 달 뒤, 당시 보건실에서 함께 쥐를 봤던 학생이 보건실을 찾았다. 그 학생은 나에게 사진을 보여주며 "선생님~ 이 쥐 기억나요? 너무 귀엽지 않아요?"라고 했다. 사진 속 쥐는 작고 앙증맞아 마치 애완용 햄스터 같은 모습이었다. 그리고 나는 그제야 깨달았다. 당시에는 온몸이 얼어붙을 만큼 무섭던 일도 시간이 지나니 웃으며 떠올릴 수 있는 기억이 된다는 것을…….

신규 보건교사 시절의 두려움과 막막함도 마찬가지다. 지금은 도저히 감당할 수 없을 것처럼 느껴져도, 시간이 지나면 분명 웃으며 이야기할 날이 온다. 힘든 순간이 찾아오면 마음속에 작고 귀여운 생쥐를 떠올려 보자. 그저 버겁기만 했던 일들이 차곡차곡 쌓여, 언젠가 미소 지으며 회상할 수 있는 시간이 된다. 그러니 두려움에 마음을 빼앗기지 말고, 눈앞의 하루를 묵묵히 살아가자. 그렇게 보내다 보면 어느새 단단하고 믿음직한 보건교사로 서 있는 자신을 발견하게 될 것이다.

보건교사의 삶은 결국 나를 성장시킨다. 임상 간호사 시절, 첫 몇 년은 하루하루가 낯설고 벅찼지만, 시간이 지나고 보니 값진 경험과 소중한 추억이 되었다. 그때 몸으로 익힌 기술과 마음으로 배운 지혜는 지금 학교에서 의료적 판단을 내리고 학생들을 처치

할 때 큰 힘이 된다. 보건교사로서의 길도 다르지 않다. 초반에는 새로운 환경과 업무에 적응하느라 힘들지만, 그 시간이 쌓여 결국 인생의 든든한 자산이 된다. 한때는 두려웠던 장거리 운전이 이제는 더 먼 거리도 주저 없이 달릴 수 있게 해주었듯, 학교에서 마주하는 크고 작은 경험들이 모두 나를 단단하게 다듬는다. 흔들리며 피지 않는 꽃은 없다. 시련이 찾아올 때마다 그것이 나를 더 깊게 뿌리 내리게 하고, 더 단단한 줄기를 세우게 하며, 마침내 더 아름답게 꽃피우게 한다고 믿자. 그 과정이 때로는 버겁고 더디게 느껴져도 결코 헛되지 않았다. 시간이 흐른 뒤 뒤돌아보면, 그 모든 날이 내 삶 속에서 의미 있는 흔적으로 남아 있을 것이다. 그리고 그 흔적들은 다시 새로운 도전을 시작할 수 있는 용기와 힘이 되어 줄 것이다.

3장.

보건교사인 당신,
이미 충분히 잘하고 있어!

–

정수영

보건교사는 교사인가, 의료인인가?

학교에는 다양한 역할을 맡은 교직원들이 존재한다. 그중 보건교사는 조금 특별하다. 교사로서 학생들에게 보건교육을 하고, 의료인으로서 학생들의 건강을 돌보는 역할을 수행한다.

처음 학교에서 근무를 시작할 때 병원에서 근무하던 환경과 달라 힘들다고 생각했다. 특히, 한 학생과의 대화가 떠오른다. 어느 날, 한 학생이 보건실에 들어오더니, "선생님은 학교에서 제일 편하게 일하시는 것 같아요. 혼자 계시고, 침대와 냉장고도 있어서 다른 사람 눈치 보지 않고 편하게 지낼 수 있고, 수업도 많지 않으시잖아요. 저도 보건 선생님 하고 싶어요. 개꿀인 것 같아요." 이런 대화를 나누고 있던 때에도 나는 이미 지쳐 있었다. 하지만 미소를 지으며 되물었다.

"오늘 보건실에 몇 명이 다녀갔는지 알고 있니?"

학생은 "대충 20명?"이라고 답했지만, 실제로 그날 방문한 학생은 60명이 넘었다. 예상보다 훨씬 많은 수에 학생은 깜짝 놀라는 눈치였다. 학생들은 내가 보건실에서 하는 일 없이 놀고 있는 줄 안다. 그래서 나는 설명을 해주었다. "학생들이 보건실에 오면 어떻게 오게 되었는지 질문을 하는 것은 대화를 통해 정말로 몸이 아픈 건지, 혹은 다른 고민이 있는 건지를 파악해야 해. 때로는 감정적으로 힘든 학생들에게 상담도 해주고, 긴급한 응급상황이 발생하면 신속하게 대처해." 이 설명에 학생은 고개를 끄덕거렸다. 이 대화는 다시 한번 보건교사의 정체성에 대해 생각해 보는 계기가 되었다.

학교에서 교사로서 보건교육을 담당하지만, 동시에 학생들의 건강을 돌보고 응급처치를 수행하는 의료인의 역할도 수행한다. 그렇다면 보건교사는 교사일까, 아니면 의료인일까?

학교에서 보건교사는 보건실이라는 공간에서 단독으로 근무하며, 전교생과 교직원의 건강을 책임진다. 병원에서는 여러 명의 간호사가 근무시간에 팀을 이루어 환자를 돌보지만, 학교에서는 보건교사 혼자서 모든 상황을 감당해야 한다. 학생들은 수시로 보건실을 방문하며, 어떤 학생들은 하루에도 여러 번 같은 증상으로 찾아오기도 한다. 하지만 단순히 증상을 확인하는 것이 아니라 학생들과의 대화를 통해 건강 이상 학생과 관심을 받으려는 학생을 구별해 내야 한다. 이러한 과정은 의료상의 판단 능력과 동시에 상담자로서의 역량이 있어야 한다. 이렇게 보면 보건교사는 학생을 치료할 때는 의료인으로, 수업할 때는 교사로 여겨지며, 여러 역할을 수행하는 존재로 인식된다.

보건교사는 병원에서 근무할 때처럼 응급상황에서 중요한 역할을 한다. 한 번은 청소 시간에 교무실 청소를 하던 학생들이 말싸움하다 화가 난 학생이 손에 들고 있던 먼지받이로 친구의 눈썹 위를 찍었다. 그 결과 7cm가 찢어지고, 이마뼈가 보일 정도로 깊었다. 교무실에 있던 선생님들, 다친 학생, 그 모습을 지켜본 학생들이 모두 보건실로 몰려와 북적거렸다. 이런 상황에서 나는 보건실을 처치가 가능한 환경으로 만들기 위해 부상자인 학생과 선생님 한 분을 빼고 모두 나가게 했다. 그리고 신속히 응급처치를 수행하고, 담임교사에게 연락하여 병원으로 이송할 수 있도록 했다. 이런 순간 병원에서 근무하던 간호사 시절의 경험이 떠오르며, 침착하게 대처할 수 있었다. 학생들도 이러한 모습을 보며 "선생님 간호사 같아요"라고 말했다. 이 말을 듣고 "간호사 맞아"라고 이야기했다. "선생님은 왜 간호사예요?, 선생님은 무슨 과를 나왔어요?"라고 물었다. 나는 "간호학과를 나와서 선생님이 된 거야",라고 했더니 학생들은 어떻게 그럴 수가 있느냐며 궁금한 표정을 지었다. 그때 간호대학에서 교직을 이수하고 간호사 면허를 취득한 후 보건교사가 되는 과정을 설명해 주었다. 학생들은 "정말요?, 그런 방법이 있어요?"라며 신기해했다. 이런 경험은 보건교사 이전에 의료인이라는 생각을 들게 한다.

학교에서 학생들은 나를 선생님이라고 부르며 좋아한다. 병원에서 근무할 때도 선생님이라고 불리었다. 하지만 학교라는 공간에서 교직원과 학생들 그리고 학부모가 나를 선생님이라고 부르는 의미는 병원에서와는 다른 의미로 다가온다. 교사라는 단어의 선생님은 성장기에 있는 학생들을 가르치고, 지도하는 인생의 중요한 순간을 함께하는 중요한 사람이다. 이런 중요한 일을 간호사로 근무하던 내가 학교 현장에서 하고 있다. 보건교사의 업무가 단순히 아픈 학생들을 치료하는 것뿐만 아니라, 정신적 아픔이 있는 학생들에게 인생에 힘이 되어 주는 사람이며, 학부모에게는 학생들의 건강에 길라잡이 같은 존재이다. 보건교사는 교사로서 일을 하면서도 간호사로 봉사하는 업무를 수행하는 사람이다. 누구나 이 두 가지를 한 번에 하기는 쉽지 않다. 그래서 보건교사는 의료인에 가까운 존재인 것 같다.

학교에서 수업할 때 학생들이 집중하며 적극적으로 참여하는 모습을 보면 교사로서 행복감과 자존감이 높아졌다. 하지만 어떤 날은 학생들이 수업에 집중하지 못하고, 이곳저곳에서 웅성거렸으며 조용히 하라는 말도 잘 듣지 않았다. 그럴 때면 나는 어떻게 해야 할지 난감했다. 더 난감했던 것은 학생들이 타 과목 공부를 하거나 학원 숙제를 하기도 했던 것이었다. 그런 날은 내가 무엇이 문제인지 자책하며 고민에 빠졌다. 어떻게 하면 수업 집중도를 높이고, 학생들에게 전달하고 싶은 내용을 정확히 전달할 수 있을지 고민했다. 그럴 때면 너무 힘들고 기운이 빠지곤 했다. 수업하다 보면 매번 좋은 수업을 할 수는 없다는 사실을 실감했다. 변수가 너무 많았고, 예측할 수 없는 상황이 자주 발생했다. 수업 다음 날에 체험활동이나 체육 관련 행사가 있을 때는 더욱 힘들었다. 학생들의 심리 상태에 따라서 수업 분위기가 크게 달라졌다. 수업 시수가 많지 않았지만, 시험을 보지 않는 과목이라 학생들의 흥미를 끌기가 어려웠다. 게다가 학생들은 초등학교 때 이미 보건 수업을 들었기 때문에 교육 내용이 비슷하다고 느껴 관심이 적었다.

수업하는 것이 병원에서 했던 일처럼 내가 잘하면 되는 것이 아니다. 내가 수업 준비를 잘하고, 설명을 잘해도 학생들의 상태에 따라 수업에 영향을 받는다. 그래서 어렵다. 교사로 수업을 잘하고 싶다면 많이 고민해야 한다. 선배 동료 교사나 보건교사에게 물어보는 것을 두려워서 하지 마라. 선배 동료 교사들도 처음일 때가 있었다. 물어보면 친절하게 알려준다. 특히 선배 보건교사는 더 좋은 멘토가 될 것이다. 경험이 풍부한 선배 보건교사는 수업하는 것부터 보건실 관리 및 주의 사항까지 알려줄 것이다. 학교에는 같은 과목의 동료 교사가 없어서 주위 학교 교사나 보건교사 동아리 모임에서 찾으면 좋다. 이렇게까지 하면서 내가 배워야 하는 이유는 무엇일까? 나도 학교에서는 교사이기 때문에 수업시수가 적더라도 수업을 하기 위해서는 수업하는 방법에 관해 연구하고 적용하는 과정이 필요하기 때문이다.

"보건교사는 교사일까?, 의료인일까?"라는 질문에 나는 이렇게 말하고 싶다. 보건교사는 교사이면서 학교에 존재하는 의료인이다. 1학년 학생들은 나를 처음 보고 선생님이 제일 부럽다고 말들을 한다. 하지만 시간이 흘러 1학년 끝 무렵에는 그런 말은 하지 않는다. 보건실을 방문해 보면 아픈 학생들로 보건실 안은 항상 가득하다. 그리고 컴퓨터를 보며 업무를 하는 일도 많다. 그런 모습을 보며 학생들은 "선생님도 일을 많이 하시네요. 학생들은 왜 이렇게 많이 와요?." 라고 하면서, "선생님은 좋겠어요. 간호사도 할 수 있고, 선생님도 할 수 있잖아요. 저도 간호대학에 가서 간호사가 되고 싶어요."라는 말을 들으면 학생에게 교사로서 선한 영향력을 미친 것 같아서 가슴이 뿌듯해지고 자존감이 올라간다. 우리는 수업을 통해서만 가르치는 것이 아니다. 보건교사의 역할을 묵묵히 수행하는 것만으로도 학생들은 많은 것을 느끼고 배운다. 학교라는 공간에서 우리는 학생들의 건강을 지키는 최전선에 있으며, 동시에 삶의 방향을 고민하는 학생들에게 새로운 가능성을 열어주는 길잡이가 된다. 그러므로 보건교사는 교사이면서 의료인으로서 본인의 자리에서 최선을 다해야 한다.

보건 업무 해마다 새롭다

지속 가능한 업무 매뉴얼만 있으면 업무가 쉬워질 줄 알았다. 그래서 학교 보건 업무를 시작하고 1년 후에, 보건실 업무 매뉴얼을 정리했다. 내가 맡은 업무 분장을 월별로 작성하여 업무 달력을 만들어 정리했다. 교육청에서 내려오는 업무, 교직원이 관련된 업무, 학생과 관련된 업무 등으로 나누어 정리했다. 이렇게만 하면 매년 반복되는 업무가 덜 힘들고, 익숙해질 거로 생각했다. 하지만 해가 바뀌고도, 업무는 편해지지 않았다. 같은 서류를 작성하고, 같은 방식으로 학생들을 치료하는데 업무가 늘 새롭게 느껴졌다. 심지어 학생들과의 관계마저도 낯설고, 어렵게 느껴졌다. 한 번은 같은 학교 선생님과 대화를 나누다가, "올해 업무가 작년보다 더 많아지고 힘든 것 같아요. 내용은 같은데 느낌일까요?” 하고 물었다. 그 선생님도 “저도 그래요. 똑같은 업무를 하고 있는데, 이상하게 새 업무를 하는 것처럼 느껴져요.”라고 말했다. 그 말에 나도 안도하면서 동시에 ‘왜 똑같은 일을 반복하는데 매년 이렇게 힘이 들까?’ 의문이 들었다.

　보건 업무는 표면적으로는 반복된다. 하지만 그 안에는 수많은 변수가 숨어 있다. 같은 건강검진도 대상 학생이 다르고, 행정상 흐름도 달라질 수 있다. 작년에 1학년 학생이 2학년이 되면서 작년에는 웃고 장난기 많던 학생이 올해는 얼굴에 불만이 가득하고 대화하려 하면 말투가 화난 상태로 변한다. 행정 절차는 정해져 있지만, 적용 방식은 상황에 따라 변해서 작년에는 이렇게 했다면 올해는 다른 방식으로 해결해야 하는 문제가 생긴다. 법정 의무 연수도 학사일정과 조율하려다 보면 일정 조율은 복잡하고 어렵게 느껴진다. 정책도 바뀌고, 지침도 바뀌며, 감염병처럼 예고 없는 변화도 찾아온다. 그래서 보건교사의 업무는 ‘단순 반복’이 아니라 ‘상황 대응’이다. 매뉴얼은 길을 알려주지만, 딱 맞은 답을 알려주어 문제가 지난해와 같은 방식으로 해결되지는 않는다. 수학 문제를 푸는 방법이 한가지가 아니듯이 이런 과정에서 보건교사는 유연성 있는 대응을 해야 한다. 이런 상황들을 매년 겪다 보면 보건 업무가 항상 새로운 일처럼 느껴진다. 이런 다양한 변수 앞에서 끊임없이 적응하며 새로운 해결책을 찾아내야 한다.

학교 업무 중 신경 쓰이는 일 중 하나는 1학년 건강검진이었다. 건강검진은 단순히 병원에 보내는 일만으로 끝나지 않는다. 코로나 시기에는 이런 절차가 훨씬 간단했다. 당시에는 출장 건강검진을 활용해 병원으로 이동하지 않아도 되었기 때문이다. 학교로 이동검진 차량이 방문하여 진행하니, 시간과 행정 부담이 줄었다. 하지만 코로나 시국이 종료되면서 더 이상 그런 방식은 허용되지 않았다. 작년까지 가능했던 방식이 올해는 불가능해져, 업무의 흐름 자체가 달라졌다. 학교보건법에 따라 진행 절차를 확인하고, 지정 병원을 선택하는 것부터 시작했다. 담임교사에게 병원 정보와 절차를 설명하고, 학생들이 모두 검진에 빠짐없이 참여할 수 있도록 독려하는 일도 해야 했다. 검진에 참여하지 못한 학생에게는 개별적으로 다시 안내하고, 미검진자 수를 파악해 추가 일정을 조율해야 했다. 검진이 모두 끝난 뒤에는 결과 통지서를 받아 가정에 발송하고, 학교 업무시스템에 기록을 남기는 절차가 이어졌다. 업무는 같은 건강검진인데 행정 절차의 변화로 업무의 진행 방법이 달라졌다.

절차는 정해져 있지만, 해마다 상황과 조건은 달라진다. 보건 업무는 반복처럼 보이지만, 그 안에서는 끊임없는 변화가 일어난다. 효율적인 매뉴얼도 분명 필요하지만, 그보다 더 중요한 것은 유연한 태도다. 업무는 구조로 정리할 수 있지만, 사람과의 관계는 매뉴얼로 예측할 수 없다. 내가 일이 힘들다고 느낄 때는, 반복이 아닌 변화를 감지하고 있다는 뜻이다. 그 변화를 받아들이고 해석할 수 있는 능력이 바로 보건교사의 업무다. 매뉴얼은 방향을 제시해 주는 도구일 뿐, 모든 상황에 대한 해답은 아니다. 진짜 매뉴얼은 현재 상황 안에 존재한다. 정해진 틀을 따르되, 변화에 따라 조율할 줄 아는 감각이 필요하다. 같은 상황도 다르게 바라보는 시선, 낯섦을 두려워하지 않는 태도가 중요하다. 준비란 완벽한 계획이 아니라, 어떤 상황에도 반응할 수 있는 마음가짐이다. 그래서 보건교사의 일은 단순한 반복이 아니라, 매번 새롭고 낯선 순간들의 연속이다. 그 변화를 부담으로 느끼기보다, 웃으며 부드럽게 받아들이는 유연함이 필요하다.

학교에서 근무를 시작한 지 4년이라는 시간이 흘렀다. 그동안 학생들에 대해 잘 알고 있다고 생각했고, 학생들과의 관계를 어떻게 풀어가야 할지 알고 있다고 믿었다. 하지만 시간이 지날수록 그것이 나만의 착각이었다는 사실을 깨닫게 되었다. 매년 졸업을 앞둔 시기면, '이제는 보건실에 매일 찾아와서 소란을 피우거나 처치를 방해하는 학생은 없겠지.'라는 생각을 했다. 이런 생각을 하면 웃음이 나곤 했다. 보건실에 평화가 찾아올 것 같은 기분이 들어 웃음이 절로 나왔다. 하지만 그 생각도 잠시, 또 다른 주인공이 등장했다. 마치 약속이라도 한 듯, 비슷한 유형의 학생이 보건실을 드나들기 시작했다. 노크하거나, 아프다는 말도 없이 문을 열고 들어와 말없이 앉아 있는 모습을 보고, 나는 조용한 틈을 타 "보건실엔 왜 자꾸 오는 거니?"라고 물었다. 그러자 학생은 "그냥요."라고 대답했다. 이유가 없다는 말에 황당해서 다시 물었더니, 학생은 "보건실이 편해서요."라고 말했다. 무엇이 그들을 편하게 만드는지 알 수는 없었지만, 그런 학생은 해마다 존재했다. 그 경험을 통해, 학생들과의 관계는 해마다 새로워야 하며, 어떤 공식도 적용되지 않는다는 사실을 다시 한번 실감하게 되었다.

학생과의 관계는 정해진 매뉴얼이 없다. 해마다 학생들의 성향은 달라지고, 그에 따라 접근 방식도 달라져야 한다. 올해 익숙했던 접근 방식이 내년에는 통하지 않기도 한다. 보건실을 찾는 이유 또한 제각각이다. 누군가는 정말 아파서 오고, 누군가는 단지 쉬고 싶어서, 또 어떤 학생은 이유도 없이 찾아온다. 같은 질문에도 각기 다른 반응이 돌아오고, 같은 상황도 다르게 흘러간다. 그럴 때마다 다시 생각한다. '학생과의 관계에는 정답이 없다.' 학생은 늘 변화하고, 그에 맞춰 끊임없이 새로워져야 한다. '이제는 알겠다'라는 생각이 드는 순간, 또 다른 상황이 나를 찾아온다. 관계는 매뉴얼에 따라 진행하는 것이 아닌, 매 순간 다르게 반응해야 한다. 학생을 이해한다는 것은 어제의 기준으로 오늘을 판단하지 않는 것이다. 학생의 특성에 따라 똑같은 방식으로 대처하는 것이 아니라, 학생의 상황과 감정을 세심하게 고려한 대응이 필요하다. 그렇기에 보건교사의 보건실 업무는 해마다 새롭고 어렵다.

보건실 업무는 단순히 매뉴얼을 반복하는 일이 아니다. 같은 시기, 같은 업무를 다루더라도 매년 상황은 전혀 다르게 펼쳐진다. 학생도 다르고, 정책도 바뀌며, 교직원과의 관계도 다시 시작된다. 오늘의 문제는 작년의 방식으로 해결되지 않는다. 그때그때 상황에 맞는 판단과 대응이 필요하다. 보건교사의 일은 단순히 정해진 절차를 따르는 것이 아니다. 학생 상황 하나에도 각기 다른 접근이 요구된다. 보건실은 단순히 반복되는 공간이 아니라, 상황에 따라 유동적으로 변화하는 공간이다. 그 안에서 벌어지는 일들은 예측할 수 없고, 정답도 없다. 그래서 보건교사는 언제나 열린 마음으로 업무에 임해야 한다. 그렇지 않으면 고정관념이 문제 해결을 어렵게 만들고, 자칫 불필요한 갈등을 초래할 수 있다. 매뉴얼은 기본을 알려줄 뿐, 모든 상황을 해결해 주지는 않는다. 관계와 상황은 그때그때 다르게 반응해야 한다. 결국, 보건실 업무의 본질은 반복이 아니라 변화에 대한 민감한 대응이다.

효율적인 보건실 운영 방법

처음 보건실 업무를 시작했을 때, 학생들이 아플 때만 오는 곳이라고 생각했다. 하지만 현실은 달랐다. 학생들은 쉬는 시간마다 보건실로 몰려왔고, 그중에는 단순히 친구를 만나거나 연애 상담을 하러 오는 경우도 많았다. 그 이유는 그해 처음으로 남녀공학이 시행되면서 보건실이 자연스럽게 만남의 장소가 되었고, 일부 학생들은 보건실을 "학교 맛집"이나 "핫플레이스"라고 부르기도 했다. 정작 치료가 필요한 학생들은 붐비는 보건실에서 제대로 도움을 받지 못했다. 학교 관계자들은 이런 모습을 보며 나를 학생 관리 못하는 사람이라고 말했다. 동료 교사들은 각자의 역할을 잘 해내고 있는 것처럼 보였고, 나는 혼자 뒤처지는 느낌이 들었다.

보건실 운영이 너무 어렵게 느껴졌고, 무능력한 교사라는 생각에 자신감을 잃어갔다. 결국, 이런 상황을 1년 동안 겪고 나서야 보건실 운영 방식에 대한 고민을 본격적으로 시작했다. 다양한 방법을 모색하며 점차 변화를 시도했고, 3년이 흐른 지금은 어느 정도 안정적으로 운영할 수 있게 되었다.

보건실 운영이 원활하게 이루어지기 위해서는 명확한 기준과 원칙이 필요하다. 보건실이 단순한 휴식 공간이 아닌, 건강을 관리하는 곳이라는 인식을 학생들에게 심어주어야 한다. 학생들이 보건실을 올바르게 이용하도록 하기 위해서는 보건교사가 먼저 운영 방침을 세우고, 이를 일관되게 적용해야 한다. 또한, 신규 보건교사는 처음부터 모든 것을 완벽하게 해내야 한다는 부담을 가질 필요가 없다. 누구나 처음에는 시행착오를 겪으며 성장하는 법이다. 중요한 것은 현실적인 문제를 직면하고 해결하려는 자세이다. 보건실 운영에 대한 고민과 시행착오를 거치면서, 보건교사는 점점 더 효과적으로 학생들을 지도하고 건강을 관리할 수 있는 전문가로 성장하게 된다. 이러한 과정은 보건실을 효율적으로 운영하게 할 뿐만 아니라, 학생들이 생활 속에서 지켜야 할 기본적인 규칙과 책임 의식을 배우는 교육의 공간으로 중요한 역할을 한다.

보건실 운영 초기, 가장 먼저 해결해야 했던 문제는 학생들의 무분별한 방문이었다. 쉬는 시간마다 친구들과 함께 온 학생들로 보건실이 북적였고, 정작 처치가 필요한 학생은 치료받지 못했다. 결국 한 학생이 두통을 호소하며 방문했지만, 수업이 시작되어 처치도 받지 못한 채 교실로 돌아가야 했다. 또 어떤 학생은 "담임교사나 교과교사"가 쉬라고 했다고 하며 침대에 바로 눕기도 했고, 일부는 "보건 선생님이 쉬라고 했다"라고 말해 교사들과의 오해를 불러일으켰다. 이러한 상황이 반복되자 일부 교사들은 보건실이 수업을 피하려는 장소 또는 연애 장소가 되었다며 불만을 나타냈고, 나는 교감 선생님과 인성 부장에게 보건실 운영의 문제점을 설명하고 협조를 요청했다. 이에 보건실 이용수칙을 정비할 필요성을 느껴 보건실 안팎에 안내문을 부착하고, 방문하는 학생들에게 반복적으로 수칙을 알렸다. 또한 보건실 수용 인원을 5명으로 제한하고, 치료가 끝난 학생은 즉시 퇴실하도록 했다. 처음에는 학생들의 불만도 있었지만, 원칙을 지키며 운영 방식을 유지했다. 그러나 학생들의 행동이 쉽게 교정되지는 않았고, 교직원 회의에서 보건실 이용수칙을 다시 안내하는 한편, 요양의뢰서 작성의 필요성과 중요성을 설명했다. 담임교사들에게는 학생들에게 수칙을 지속해서 안내해 달라고 요청했고, 처음에는 번거롭다는 의견도 있었지만, 점차 교사들도 필요성에 공감하며 협조해 주었다. 그 결과 보건실은 점차 체계적으로 운영되었고, 본래의 기능을 회복할 수 있었다.

보건실은 단순한 휴식 공간이 아니라, 학생들의 건강을 돌보는 치유의 공간이어야 한다. 하지만 학생들의 무분별한 방문은 보건실 본연의 기능을 흐리게 하고, 정작 도움이 필요한 학생이 제때 적절한 처치를 받지 못하는 상황을 만들기도 한다. 이러한 문제는 보건교사 혼자만의 노력으로 해결하기 어려우므로, 교직원 회의나 관리자에게 상황을 공유하고 협조를 요청하는 것이 필요하다. 이를 통해 보건교사의 업무가 단순하거나 일이 없다는 오해를 줄이고, 보건실 운영의 어려움을 이해받을 수 있다. 아울러 보건실의 효율적인 운영을 위해서는 보건교사가 이용수칙을 명확히 안내하고, 학생들이 이를 지킬 수 있도록 일관된 태도로 지도하는 것이 중요하다. 이러한 일관된 대응은 학생들의 혼란을 줄이고, 동료 교사들과의 불필요한 오해도 예방할 수 있다. 모두가 함께 같은 방향으로 협력할 때, 보건실은 학교 내에서 질서 있고 신뢰받는 건강관리 공간으로 자리 잡을 수 있다. 결국 이러한 노력이 모여 보건실을 보다 체계적이고 효율적으로 운영하는 기반이 된다.

　　보건실을 효율적으로 운영하기 위해 가장 먼저 한 일은 학교 건강증진 기본계획 참고 자료에 실린 '학교 보건실 시설 및 기구 기준'을 바탕으로 물품을 점검하는 것이었다. 이 기준은 보건교사 배치 여부와 학급 수에 따라 시설과 기구를 필수 항목과 권장 항목으로 구분해 한눈에 보기 쉽게 정리되어 있어, 준비 과정이 훨씬 수월했다. 점검을 마친 후에는 보건실에 갖춰진 시설 및 기구를 목록으로 작성해 보건실 게시판에 부착함으로써, 언제든지 누구나 쉽게 확인할 수 있도록 하였다. 또한, 보건교사 미배치 학교에서 배치 교로 전환된 상황이라 그런지 보건실에 비치된 일반의약품과 의약외품이 적절하지 않은 상태였고, 이에 따라 구매 과정에도 어려움이 있었다. 이에 이 부분 또한 체계적으로 정비해야겠다고 판단하여 목록화 작업을 진행했다. 먼저 일반의약품은 소염진통제, 소화기관 약, 안과 약, 피부과 약, 알레르기약, 상처 치료 연고 등으로 분류하였고, 의약외품은 밴드류, 거즈, 붕대, 면봉, 감염병 예방 제품 등으로 나누어 정리하였다. 이렇게 분류한 모든 내용을 목록으로 만들어 보건실 게시판에 부착하여 누구나 쉽게 확인할 수 있도록 했다. 이러한 과정을 거치면서 보건실 운영에 체계가 잡히기 시작했고, 전반적인 업무도 훨씬 더 수월하게 진행할 수 있었다.

　보건실 운영의 시작은 단순한 정리나 청소가 아니라, 정해진 기준에 따라 체계적으로 점검하고 준비하는 데서 출발한다. '학교 보건실 시설 및 기구 기준'이라는 공식 자료를 참고하여 보건실을 객관적으로 살펴보고, 필요한 물품을 빠짐없이 갖추는 것이 중요하다. 이는 단순히 공간을 채우는 일이 아니라, 보건실이 본래의 기능을 충분히 수행할 수 있도록 기반을 마련하는 중요한 과정이다. 이러한 준비 과정은 보건실의 투명성과 접근성을 높이는 데 이바지한다. 이를 통해 보건실이 특정 교사만의 공간이 아니라, 학생과 교직원 모두가 함께 사용하는 공공의 공간이라는 인식이 자연스럽게 형성된다. 또한 보건실은 치료와 회복이 이루어지는 공간이므로, 일반의약품과 의약외품을 정확히 분류하고 체계화하는 일이 필요하다. 이 과정은 단순한 물품 정리 수준을 넘어, 위급 상황에 신속히 대응하기 위한 준비이자, 보건교사로서 책임 있는 보건관리자의 역할을 실천하는 일이다. 보건교사가 보건실에서 하는 일은 단순한 물품 정비가 아니라, 학생들의 건강과 안전을 위한 구조를 하나하나 만들어가는 과정이다. 체계적인 운영은 업무의 효율성을 높일 뿐 아니라, 보건실이 신뢰받는 돌봄의 공간으로 자리 잡을 수 있도록 돕는다. 작은 정리 하나가 큰 변화를 만든다는 사실을 실감한다.

보건실은 본래 기능을 수행할 수 있도록 효율적으로 운영해야한다. 학생들이 보건실을 단순한 휴식 공간이 아닌 건강을 관리하는 곳으로 인식할 때, 비로소 보건실 운영이 안정적으로 이루어진다. 이를 위해서는 명확한 운영 방침을 마련하고 일관되게 시행하는 것이 중요하다. 특히, 안정실 이용 시 요양의뢰서를 활용하면 교사와 학생 간의 소통이 명확해져 불필요한 방문을 줄일 수 있다. 또한, 교직원과 협력하여 보건실 운영 방침을 지속해서 홍보하고 조정하면, 보건실의 역할에 대한 이해도가 높아지고 원활한 운영이 가능해진다.

보건교사는 학생들에게 친절해야 하지만, 때로는 단호한 태도로 운영 원칙을 지키는 것도 필요하다. 학생들에게 무조건적인 편의를 제공하기보다, 건강을 최우선으로 고려한 체계를 구축해야한다. 이러한 과정이 반복되면서 학생들은 보건실을 자신의 건강을 관리하는 중요한 공간으로 인식하게 된다. 결국, 보건교사는 단순히 아픈 학생을 돌보는 역할을 넘어, 학생들이 건강한 생활 습관을 형성할 수 있도록 돕는 존재로 자리 잡게 된다. 보건실 운영의 궁극적인 목표는 학생들에게 올바른 건강관리의 중요성을 심어주고, 스스로 건강을 책임질 수 있도록 교육하는 것이다. 따라서

보건실 운영은 단순한 공간 관리가 아니라, 학생들의 건강한 성장

을 지원하는 교육의 연장선임을 기억해야 한다.

지속 가능한 근무를 위한 업무 정리법

학교에서 코로나19 팬데믹 시기에 근무를 시작했을 때, 정신없이 바빴다. 항상 먼저 출근하여 학생과 교직원의 건강 상태를 확인하고, 보고 체계에 따라 보고하는 것으로 하루를 시작했다. 그러나 이 과정을 마치고 나면 이미 아침 9시가 지나 있었고, 학생들은 끊임없이 보건실로 찾아왔다. 보건실은 열이 있는 학생, 아픈 학생, 마스크를 잃어버린 학생 등 여러 이유로 항상 붐볐다. 특히 3월은 더 바빴다. 한 해의 모든 건강 계획을 수립하고 계획서를 작성하여 제출해야 했기 때문이다. 하루는 2학년 한 반에서 하루 동안 코로나19 확진자가 세 명이나 되어 더욱 분주했다. 반 학생 전체를 대상으로 가정통신문을 작성하고 부모님께 발송해야 했다.

그와 동시에 담임교사와 교감, 교장에게 보고해야 했다. 이 모든 일을 끝내고 나니 어느새 오전 시간이 훌쩍 지나 있었다. 그날은 미세먼지 관련 업무를 해야 하는 날이었지만, 하루 종일 정신이 없어서 이를 잊고 말았다. 공문으로 미세먼지 현황 결과 보고를 요청받고 나서야 확인하지 않았음을 깨달았다. 그 순간 매우 당황했고, 곧바로 문제를 해결해야 했다. 결국 보고서를 작성했지만, 그날의 실수는 오래도록 마음에 남았다.

보건교사의 업무는 단순히 수업하거나 보건실에서 차분하게 일하는 것이 아니다. 학생들은 쉬는 시간뿐만 아니라 수업 시간에도 수시로 보건실을 찾아오고, 예상치 못한 상황이 발생하면 즉각적인 대응이 필요하다. 이렇게 업무가 끊임없이 이어지다 보면 계획했던 일을 잊거나 실수하는 경우가 생길 수 있다. 또한, 하루에도 수많은 공문을 접수하다 보면 중요한 내용을 놓치는 일도 발생할 수 있다. 하지만 보건 업무는 보건교사의 중요한 역할이며, 학교에서 1년 동안 지속해서 이루어지는 일이기 때문에 소홀히 해서는 안 된다. 따라서 업무를 체계적으로 정리하고, 우선순위를 명확히 설정하는 것이 필수적이다. 중요한 일정과 보고 사항을 빠뜨리지 않기 위해서는 기록하는 습관을 들이고, 하루 일정을 미리 점검하는 것이 필요하다. 또한, 예기치 못한 상황에서도 업무를 놓치지 않으려면 학교 내 보고 체계를 명확히 하고, 동료 교사들과 긴밀히 협력하는 것이 중요하다. 업무가 많아질수록 주변의 도움을 적절히 활용하는 것도 실수를 줄이는 효과적인 방법이 될 수 있다. 보건 업무를 원활하고 정확하게 수행하기 위해서는 철저한 계획과 꾸준한 실천이 필요하다.

처음 보건 업무를 시작했을 때, 전임자의 업무 내용을 업무시스템에서 찾아보며 업무를 처리했다. 다른 학교 보건교사들에게 물어보니 그렇게 하면 된다고 했고, 나도 그 방법을 따라갔다. 그렇게 1년을 보내고 나니, 내가 어떤 업무를 언제, 어떻게 했는지 기억이 잘 나지 않았다. 보건 업무가 반복적인 것 같았지만, 막상 다시 하려고 하니 처음처럼 새롭게 느껴졌다. 그러던 중, 서울시교육청에서 제공하는 "한눈에 보는 보건 업무 길라잡이" 파일을 발견했다. 이 파일을 보면서, 보건 업무를 체계적으로 정리해 두는 것이 중요하다는 생각이 들었다. 그래서 중학교에서 이루어지는 1년 간의 보건 업무에 관한 "보건 업무 계획표"를 작성하여 정리하기 시작했다. 특히 3월에는 계획서를 작성해야 하는 일이 많았기 때문에, 이를 놓치지 않기 위해서 세부적으로 정리했다. 보건 업무 연간 계획서, 학생 건강관리 기록, 보건교육 기록(교직원, 학생), 1

학년 건강검진(2, 3학년 소변검사) 및 예방접종 확인, 학생 대상 설문조사, 가정통신문 발송 일정 등을 월별로 정리했다. 그리고 이 내용을 1년 업무 일정표로 작성하여 시기에 맞게 실행할 수 있도록 준비했다. 이렇게 정리해 두고 보니, 업무를 놓치는 일이 줄어들었고, 앞으로도 이 방법을 유지해야겠다고 생각했다.

보건 업무는 1년 동안 정기적으로 이루어지지만, 막상 해보면 매번 새로운 것처럼 느껴질 수 있다. 특히 전임자의 업무를 참고하는 것만으로는 내가 직접 체계적으로 업무를 관리하는 데 한계가 있다. 따라서 보건교사는 나만의 "보건 업무 계획표" 작성이 필요하다. 한 해 동안 해야 할 업무를 월별로 정리하고, 중요도를 고려하여 일정별로 배치하면 업무를 더욱 효율적으로 수행할 수 있다. 예를 들어, 3월에는 계획서 작성과 교직원 연수, 필수 교육 등이 집중되므로, 미리 준비해 두지 않으면 업무가 쏟아져 힘들어질 수 있다. 또한, 보건 업무는 단순한 문서 작업이 아니라, 학생 교육, 가정통신문 발송, 점검 업무 등 다양한 분야를 포함하기 때문에, 이를 한눈에 파악할 수 있도록 월별 일정표를 활용하는 것이 효과적이다. 이렇게 체계적으로 업무를 정리하면, 바쁜 시기에도 실수를 줄이고 원활하게 업무를 수행할 수 있다.

학기 초에는 특히 보건 관련 업무가 많았다. 1학년 학생 건강검진과 외부 강사 교육 일정 조율이 주요한 업무였다. 처음 건강검진 일정을 잡을 때 학교 일정과 겹치지 않도록 조정하는 일이 얼마나 어려운지 잘 몰랐다. 검진 날짜를 정한 후 교무부장에게 말했지만, 이미 학사 일정과 겹쳐 조정이 필요하다는 답변을 받았다. 결국, 다시 검진 기관과 협의해야 했고, 일정이 늦춰지면서 검진 대상 학년과 시간 조정까지 해야 하는 상황이 발생했다. 외부 강사 교육도 마찬가지였다. 교육 일정이 정해진 후 외부 강사와 협의하려 했지만, 학교 일정과 맞지 않아 다시 조율해야 했다. 이 과정에서 많은 시간이 소요되었고, 일정이 꼬이면서 다른 업무에도 영향을 미쳤다. 이후, 학사 일정이 확정되는 즉시 교무부장님과 논의하여 미리 조율하는 것이 중요하다는 점을 깨달았다. 그렇게 하면서 업무 조정이 한결 수월해졌고, 외부 기관과도 미리 협의하는 것이 필수적이라는 것을 배웠다.

학기 초에는 다른 학교들도 건강검진과 외부 강사 교육 등의 보건 업무가 집중되기 때문에, 사전에 철저히 계획하지 않으면 일정이 꼬일 수 있다. 보건교사는 교무부장과 협력하여 학사 일정과 겹치지 않도록 미리 조율해야 한다. 건강검진 일정은 학생들의 학습과도 관련이 있기에, 최대한 빠르게 검진 기관과 협의하고, 교무

부장과 논의하여 확정하는 것이 좋다. 외부 강사 교육도 마찬가지다. 강사의 일정과 학교 일정을 동시에 고려해야 하므로, 너무 늦게 조율하면 원하는 일정에 진행하기 어렵다. 따라서 학사 일정이 확정되면 곧바로 보건 관련 일정을 확인하고, 필요한 기관과 협력하여 조율하는 것이 중요하다. 이렇게 하면 업무가 효율적으로 진행되며, 불필요한 일정 변경을 최소화할 수 있다. 또한, 학기 초의 업무 부담을 줄이고, 다른 보건 업무에도 집중할 수 있는 환경을 만들 수 있다.

처음 보건교사로 근무를 시작하면 예상보다 많은 업무량에 놀랄 수 있다. 보건교사의 역할은 보건실 운영에 그치지 않고 학생 건강관리, 보건교육, 각종 보고서와 공문 처리까지 포함된다. 특히 학기 초에는 건강검진, 예방접종 확인, 보건교육 일정 조율 등으로 업무가 집중된다. 이때 체계적인 정리가 없다면 중요한 일을 놓치기 쉽다. 따라서 "보건 업무 계획표"를 작성해 두면 업무가 한결 수월해진다. 보건 업무는 반복적이지만 다시 시작할 때마다 새롭게 느껴지곤 한다. 그러므로 월별 일정표를 마련해 시기에 맞춰 실행할 수 있도록 준비하는 것이 중요하다. 건강검진 일정은 학사 일정과 겹치지 않도록 교무부와 협의해야 한다. 외부 강사 초빙 교육도 미리 계획해야 원하는 시기에 진행할 수 있다. 또한 돌발 상황에 대비해 보고 체계를 명확히 하고 협력 체제를 갖추어야 한다. 하루 일과 전 일정표를 확인하는 습관은 업무를 안정적으로 수행하는 데 도움이 된다. 보건 업무 계획표는 매년 수정·보완하며 효율적인 관리 체계로 발전시켜야 한다. 낯설고 벅차더라도 자신만의 정리법을 세워 간다면 지속 가능한 업무 환경을 만들 수 있다.

보건교사, 첫해는 누구나 정신없다

보건교사로 첫해를 시작한 3월 2일 입학식 날은 마치 학생이 된 기분이었다. 학생들과 잘 지낼 수 있을까? 하는 설렘과 긴장이 교차했다. 하지만 보건교사로서의 첫날은 코로나19 팬데믹과 함께 시작되었었다. 입학식은 교실에서 방송으로 대체되었고, 급하게 전교생 대상 감염병 예방 교육을 맡았다. 갑작스러운 방송교육 지시에 대본도 없이 떨리는 마음으로 카메라 앞에 섰다. 화면에 비친 내 모습은 어색했지만, 학생들에게 감염병의 위험성과 안전한 자기 관리 방법을 안내했다. 그 후로 급하게 진행되는 감염병 예방 교육과 예기치 못한 응급상황까지, 하루하루가 전쟁 같았다. 처음엔 적응하기 힘들었지만, 시간이 지나면서 학생들의 건강 상태를 빠르게 파악하는 능력이 생겼다. 처음 해보는 업무가 많았고, 그 과정에서 실수도 있었지만, 실수를 줄이기 위해 노력했다. 문서 작업도 쉽지 않았다. 하루 종일 정신없이 지나가서 내가 무엇을 하고 있는지 돌아보기도 했다. 그렇게 바쁘게 한 학기를 보내며, 서툴러도 열정으로 가득했던 첫해의 경험은 나에게 보건교사로서 책임감과 보람을 더해 주었다. 그 경험은 이후의 업무에 대한 자신감과 준비성을 쌓는 밑거름이 되었다.

보건교사로서의 첫해 경험은 큰 의미가 있다. 처음에는 코로나 19 팬데믹이라는 예기치 못한 상황 속에서 혼란과 두려움이 컸다. 그러나 그 과정을 통해 감염병의 위기 속에서도 학생들의 안전을 지켜야 한다는 책임감과 대응 능력을 키울 수 있다. 방송으로 진행된 감염병 예방 교육은 서툴렀지만, 그 경험이 사람들 앞에 설 수 있는 자신감을 키워 준다. 학생들 앞에서 완벽하지 않아도, 진심 어린 노력이 더 중요하다는 것을 깨닫는다. 매일 이어진 긴장과 응급상황은 업무에 지치게 하지만 동시에 성장하게 한다. 시간이 흐르면서 학생들의 건강 상태를 빠르게 파악하고 대응하는 힘이 길러진다. 문서 업무나 보고 체계도 처음에는 버겁지만, 꾸준히 반복하면 익숙해진다. 돌이켜보면 그 시기의 실수는 지금 능숙함을 만든 발판이다. 보건교사라는 직업은 단순한 보건실 운영이 아니라 위기 대응과 관리 능력이 함께 요구된다. 업무가 많고 바빠도, 학생들의 안전을 지킨다는 사실은 교사로서 큰 보람과 자부심으로 다가온다.

보건교사로서 정신없이 바쁜 나날을 보내면서, 오히려 기본의 중요성을 깨달았다. 학생들을 처음 만날 때, 교사로서 지켜야 할 기본 계명을 만들어야겠다고 다짐했다. 그 첫 번째는 누구에게나 친절하게 인사하기였고, 두 번째는 학생들의 이름을 불러주기였다. 처음에는 다소 어색했지만, 의식적으로 실천하기 위해 노력했다. 아침 등굣길이나 복도, 급식실에서 학생들을 만나면 먼저 웃으며 인사를 건넸다. "안녕하세요!"라고 밝게 말하면, 처음엔 어색해하던 학생들도 점차 환하게 인사를 받아주었다. 또한 학생들의 이름을 외우기 위해 애썼다. 우리 학교는 교복과 생활복에 이름표를 달게 되어 있어, 의식적으로 이름표를 확인했다. "나희야, 오늘 기분 좋아 보이네?", "유찬아, 밥 맛있게 먹어!"라는 한마디에 학생들은 놀라며 기뻐했다. 특히 처음 이름을 불러주었을 때의 반응은 잊을 수 없었다. "선생님, 제 이름 어떻게 아셨어요?"라며 신기해하고 즐거워했다. 이름을 불러주는 것만으로도 학생들과의 거리가 좁혀지는 것을 실감할 수 있었다. 적은 노력이 학생들과의 관계를 긍정적으로 변화시키는 것을 보며 큰 보람을 느꼈다.

첫해 보건교사로서의 일상은 늘 바쁘다. 하지만 그 속에서 기본을 지키는 태도의 중요성을 깨닫는다. 학생들에게 먼저 밝게 인사하고 이름을 불러주는 행동은 단순한 인사가 아니라 관계를 이어주는 다리가 된다. 인사 한마디와 이름을 불러주는 작은 실천이 학생들에게 신뢰와 친근감을 심어주고, 교사와 학생 사이의 거리를 좁힌다. 특히 이름을 불렀을 때 학생들이 보여주는 놀라움과 기쁨은 교사가 학생 한 사람 한 사람을 존중한다는 메시지가 된다. 이런 경험은 교사로서의 기본이 거창한 것이 아니라, 학생을 진심으로 대하고 관심을 표현하는 데 있음을 알려준다. 작은 노력이지만 꾸준히 실천할수록 학생들의 태도는 긍정적으로 변하고, 관계는 점점 단단해진다. 결국 교사와 학생의 소통은 특별한 방법이 아니라, 기본적인 인사와 관심에서 시작된다. "첫해는 누구나 정신없다"라는 말처럼, 혼란스러운 시작은 결국 교사로서 성장을 이끄는 밑거름이 된다. 그렇기에 힘들게 시작하는 지금의 경험은 해가 거듭될수록 더 안정적인 보건교사의 역할을 하게 만드는 자산이 된다.

학교 업무에서 빼놓을 수 없는 것은 문서 작업이었다. 문서 작업에 대한 연수를 받았지만, 여전히 어려움이 많았다. 학교에는 나와 같은 업무를 하는 교사가 없어 도움을 받기가 쉽지 않았다. 처음이라 실수하는 것이 두려웠고, 혹여 실수로 학교에 피해를 줄까? 걱정되었다. 그래서 업무가 처음부터 버겁게 느껴졌다. 누구에게 도움을 요청해야 할지 고민했고, 혼자 해결하려다 보니 부담이 컸다. 그러던 중 중학교 보건교사들과 함께 동아리를 만들었다. 동아리에서는 학교 업무와 수업에 관한 내용들을 공유하며 서로 도움을 주고받았다. 다른 보건교사들과 의견을 나누면서 업무가 한결 수월해졌다. 혼자 할 때는 막막했던 일들도 여러 명이 함께 논의하니 해결책을 찾기가 쉬웠다. 처음에는 작은 것 하나도 혼자 고민하며 해결해야 했지만, 동료들과 함께 문제를 해결하면서 자신감이 생겼다. 그렇게 1년을 보내면서 보건교사로서 성장하는 것을 느꼈다. 결국 혼자 가는 길은 힘들지만, 같은 길을 가는 동료들과 함께하면 훨씬 든든하다는 것을 깨달았다.

문서 작업은 여전히 쉽지 않지만 조금씩 익숙해진다. 처음에는 실수를 두려워했지만, 이제는 실수 속에서도 배우고 성장하는 길을 찾아야 한다. 같은 업무를 맡은 동료가 없어도, 보건교사 동아리 활동을 통해 도움을 얻고 서로의 경험을 나누며 길을 찾아야 한다. 혼자 고민하기보다 동료들과 의견을 나누고 함께 방법을 모색하는 것이 훨씬 더 효과적임을 느낀다. 업무가 많고 벅찬 날에도, 함께하는 동료들이 있어 부담이 한결 줄어든다. 처음에는 질문하기를 망설였지만, 지금은 적극적으로 묻고 배우며 성장한다. 어려움이 찾아올 때마다 선배들의 조언이 큰 힘이 되어 주고, 그 덕분에 점점 자신감 있게 업무를 수행한다. 이제 실수를 두려워하지 않고, 그 안에서 배움과 개선의 기회를 발견한다. 막막하게 느껴지던 업무도 점점 익숙해지고, 해결 방법이 자연스럽게 떠오른다. 이런 경험을 바탕으로 안정적이고 자신감 있는 보건교사로 성장해 간다.

보건교사로서 첫해는 누구나 혼란과 어려움 속에서 시작된다. 하지만 그 속에서도 조금씩 교사로서 성장한다. 처음 품었던 마음을 지켜가는 일은 전혀 쉽지 않다. 예기치 못한 상황과 쉴 틈 없는 하루들이 이어지지만, 그 속에서 초심을 잊지 않으려 애써야 한다. 실수와 시행착오가 다가와도 그것들을 성장의 디딤돌로 삼아야 한다. 업무에 지치고 벅찬 순간마다, 함께 고민을 나누는 보건교사 동료들의 존재가 큰 힘이 된다. 보건실을 찾아오는 학생들의 이야기를 들을 때면 교사로서 책임과 의미를 다시금 깨닫는다. 혼란스럽던 나날들은 결국 나를 단단하게 만들고, 한 걸음씩 앞으로 나아가게 한다. 때로는 흔들리고 지치지만, 그 모든 과정이 결국 성장의 밑거름이 됨을 알아야 한다. 첫해의 혼란과 어려움 속에서도 교사로서 한 뼘 더 자란다. 그리고 처음 가졌던 마음을 끝까지 지켜가는 일은 쉽지 않지만, 결코 놓아서는 안 되는 길임을 배운다. "보건교사 첫해는 누구나 정신없다"라는 말처럼, 이 과정은 성장의 시작이자 든든한 토대가 된다. 그러니 지금의 어려움조차 나를 키워내는 힘이 된다는 사실을 잊지 말아야 한다.

이유 없이 보건실 찾는 아이,
원하는 것이 따로 있다

보건실에 쉬는 시간마다 아프다는 이유를 만들어 찾아오는 학생들이 있다. 이야기를 듣다 보면 특별한 증상은 아니다. 하지만 이런 학생에게 '꾀병 부리지 말기'라고 이야기를 하지는 않지만, 이런 학생들이 많아지면 정작 도움이 필요한 학생은 돌보기 어렵다. 보건교사 업무를 처음 시작할 때는 보건실에 학생들이 방문하면 긴장하곤 했다. 단순한 두통이나 생리통, 성장통, 소화불량이 아닌 특별한 증상을 보일 경우 판단을 잘못할까? 걱정되었다. 그래서 더욱 신중하게 질문을 했던 것 같다. 어느날, 매일 보건실을 방문하던 학생이 충수염이 의심되는 증상으로 왔다. 그래서 담임교사와 학부모에게 연락했으나 올 수 없어서 직접 학생을 데리고 병원에 갔다. 다행히 응급상황은 아니었고, 의사는 단순히 위장염이라고 했다. '무엇이 이 학생으로 하여금 자주 보건실을 방문하게 했을까?'라는 생각을 하게 되었다. 보건실은 아파서도 오지만 마음 편히 쉴 곳이 필요할 때도 방문하는 공간이라는 생각이 들었다.

학생들은 보건실이 아파서 가는 공간이라고 생각한다. 그러므로 보건실에 방문하기 위해 여러 가지 아픈 증상을 만들어서 방문한다. 그래서 실제로 아프지 않더라도 다양한 증상을 미리 생각해서 방문하기도 한다. 그렇다고 해서 "너는 아프지도 않은데 오면 안 돼, 아플 때만 오렴"이라고 단정적으로 말할 수 없다. 자주 보건실을 찾는 학생들을 보면, 대부분은 함께할 친구가 없거나 혼자 있는 시간이 많은 경우가 많다. 보건실에 오면 이 학생들은 마음 편히 본인의 이야기나 주위의 이야기를 한다. 보건실은 이들에게 학교 안에서 쉴 수 있고, 자신의 이야기를 누군가가 들어주는 공간이 된다. 이런 학생들이 반복적으로 방문하면 물론 업무에 지장을 주는 것도 사실이다. 하지만 그만큼 갈 곳이 없고, 자신의 이야기를 들어줄 곳으로 보건실을 찾는 것으로 생각하면 쉽게 외면할 수 없다. 자주 보건실에 방문하는 학생을 단순히 나의 업무를 방해하는 존재로 바라볼 것인가, 아니면 겉으로 드러나지 않은 또 다른 '아픔'을 지닌 학생으로 받아들일 것인가, 라는 질문을 하면서 치료의 방향을 고민해야 한다.

　보건실 업무가 많아 바쁠 때, 단순히 방문하려는 이유를 만들어 찾아오는 학생을 마주하면 나도 인간인지라, 종종 짜증이 날 때가 있다. 그렇다고 매번 감정을 드러낼 수도 없기에, 감정을 참으며 보건실 출입 조건을 이해시키고 교실로 돌려보내는 것도 보건교사의 역할 중 하나다. 어느 날, "선생님, 저 아파요."라고 하고 안정실에 누운 학생이 있었다. 이유를 물어보려 했지만, "그냥 잠시만 쉬면 안 될까요? 조금만 쉬다가 갈게요."라는 말만 되풀이했다. 할 수 없이 학생을 잠시 쉬게 한 뒤, 다시 이유를 물으려는 순간, 손목에 상처가 보였다. 상처를 보고 어떻게 대처해야 할지 고민이 앞섰다. 먼저 손목을 소독해주고, 보다 적극적으로 대화를 시도했다. 이야기를 나누다 보니, 학생은 심리적으로 힘든 상태였고, 그 감정을 해소하기 위해 칼로 손목을 그었다고 이야기했다. 그 말을 듣고, "지금 나눈 이야기들을 담임 선생님과도 이야기해야 해."라고 말했다. 학생은 처음엔 거부했지만, 반복된 설득 끝에 결국 동의했다. 이후 담임교사가 학생과 상담을 진행했고, 학부모에게 연락해 심리 치료를 받을 수 있도록 조치가 이루어졌다.

업무가 많고 바쁜 날에는, 단순히 쉬고 싶다는 이유로 '보건실 요양증'을 받아오는 학생을 보면 순간적으로 나쁜 감정이 생긴다. 하지만 그럴 때일수록 감정을 누르고, 학생의 진짜 마음을 들여다보려는 노력이 필요하겠다. "선생님, 저 아파요."라는 짧은 한마디 뒤에는 신체적 고통이 아닌, 감춰진 사연이 있을 수 있기 때문이다. 침대에 누워 쉬고 싶다는 학생을 마주할 때, 심리적인 어려움이 있는 것인지 고민하며 조심스럽게 다가가야 한다. 말을 건네고, 마음을 열 수 있도록 기다리는 시간도 필요하다. 작은 신호 하나라도 놓치지 않고 살피는 일은, 때로는 극단적인 선택을 막는 중요한 시작이 될 수 있다. 학생의 상태를 민감하게 살피며 담임교사와 학부모, 전문 치료로 이어지는 연결고리를 만들고, 겉으로는 우연처럼 보이는 작은 징후 속에서도 상황을 빠르게 파악하는 것 역시 보건교사의 중요한 역할이다. 보건실을 찾는 학생은 단순한 이유만으로 오는 경우는 드물다. 겉으로 보이는 모습만으로 판단하지 않고, 그 이면을 살피는 섬세함이 필요하다. 보건교사는 상처 치료뿐 아니라, 동시에 학생들의 마음을 읽는 사람이 되어야 한다.

새 학기가 시작되면 보건실을 찾아와 "선생님, 전학 가려면 어떻게 해야 해요? 어떻게 하면 빨리 전학 갈 수 있어요?”라고 묻는 학생들이 종종 있었다. 처음에는 단순히 집이 이사 가는 건지, 진짜 전학을 계획 중인지 궁금해하며 편하게 설명해 주곤 했다. 그러나 전학 이야기를 반복하는 학생의 경우, 무엇 때문에 전학 가기를 원하는지 물어보았다. 그러면 대부분 친했던 친구와의 관계가 틀어진 일이 있었고, 그로 인해 마음이 힘들다는 이야기를 꺼냈다. 학생들은 친구와의 갈등에서 비롯된 불편한 감정을 해결하지 못한 채, 전학을 도피처로 삼아 그렇게 말하곤 했다. 단순히 ‘전학’이라는 말 뒤에 숨겨진 복잡한 감정과 사연을 다시금 느꼈다. 그런 학생의 마음에 공감하면서도, 이 문제를 함께 풀어갈 수 있도록 담임교사에게 상황을 전달했다. 이후 담임교사는 학생과 상담을 진행했고, 교우 관계 회복을 위한 방안도 함께 모색했다. 그 모습을 보며, 학생의 말 한마디 뒤에 있는 진짜 이유를 살펴보는 일이 얼마나 중요한지 깨닫게 되었다. 보건실은 단순히 안정을 취하는 곳이 아니라, 학생들의 마음을 살필 수 있는 중요한 통로가 되었다.

전학에 관해 묻는 학생의 말에는 단순한 행정 절차 이상의 의미가 담겨있다. 마음의 어려움을 드러내는 신호일 수 있다. 특히 친했던 친구와의 갈등이나 관계의 단절은 청소년에게 큰 상처로 남는다. 이런 감정을 제대로 해결하지 못한 채 '전학'이라는 방식으로 회피하려는 경우가 있다. 보건교사는 학생의 말 속에 숨겨진 마음을 읽고, 그 깊이를 이해하려는 노력이 필요하다. 겉으로는 담담해 보여도 반복적으로 같은 이야기를 한다면, 그 안에 감춰진 괴로움을 주의 깊게 살펴야 한다. 이때 보건교사는 단순히 위로를 건네는 역할을 넘어서, 담임교사와의 연결고리가 되어 학생을 돕는 실질적인 조치를 이끌어야 한다. 학생이 본인의 감정을 말로 표현하고 도움을 받도록 하는 과정은 시간이 걸리고 세심한 배려가 요구된다. 하지만 그 과정을 통해 학생은 극단적인 회피 대신, 현재의 문제를 바라보고 풀어갈 수 있는 힘을 얻게 된다. 학생들이 보건실 문을 두드릴 때는 분명한 이유가 있다. 학생의 말 속에 숨겨진 진짜 이유를 놓치지 않고 바라보는 것이 보건교사의 중요한 역할이다.

보건실을 찾는 학생들은 단순히 몸이 아프기 때문만이 아니다. 보건실 문을 두드릴 때는 마음속에 쌓인 어려움을 풀고자 하는 경우도 많다. 보건교사는 학생들이 겪는 신체적 아픔뿐 아니라 그 이면에 숨어 있는 감정과 어려움마저 살펴야 한다. "아파요"라는 짧은 말 뒤에는 혼자 감당하기 힘든 마음의 고통이 숨어 있을 수 있다. 그래서 보건교사는 학생들의 이야기를 주의 깊게 듣고, 그들의 신호를 놓치지 않는 것이 중요하다. 학생들이 보건실을 찾는 이유는 단순한 치료뿐 아니라 위로와 관심을 필요로 하기 때문이다. 때로는 작은 대화 한마디가 그들의 마음을 여는 열쇠가 되기도 한다. 그러나 보건교사가 모든 문제를 혼자 해결할 수는 없기에, 학생의 상태를 민감하게 살피고 필요한 경우 상담교사와 연결하는 역할 또한 중요하다. 이러한 과정을 통해 학생은 극단적인 선택 대신 문제 해결의 길을 찾을 수 있다. 결국 보건실은 몸의 아픔뿐 아니라 마음의 아픔을 살피고, 필요한 도움을 받을 수 있는 또 다른 연결고리가 되는 공간이 되어야 한다.

응급상황 시 당황하지 말고
기본부터 차근차근!!

병원에서의 경험은 늘 긴장의 연속이었다. 저혈당으로 의식을 잃어가는 환자, 심정지 환자를 살리기 위해 온 힘을 다하는 의료진을 보며 응급상황이 얼마나 예측 불가능한지 깨달았다. 학교에서도 응급상황은 언제든 찾아왔고, 두려운 마음에 응급처치 연수를 신청했다. 연수에서 보건교사 선배 강사는 응급처치가 잘 마무리되면 문제가 없지만, 보건교사의 대응 순서에 따라 책임의 소지가 달라질 수 있다고 말했다. 그 말을 듣고 막연한 두려움이 밀려왔다. 그러던 어느 날, 한 학생이 축구하다 공에 왼쪽 눈을 맞아서 "눈앞이 흐려 보인다"라고 찾아왔다. 순간 당황했지만, 연수에서 배웠던 '활력 징후 확인'이 떠올랐다. 혈압, 맥박, 호흡, 체온, 눈의 상태를 확인 후, 즉시 담임교사에게 연락했다. 사건 발생 시간과 처치 내용 등을 꼼꼼히 기록하며 혹시 모를 상황에 대비했다. 다행히 학생은 미세한 안구 출혈로 병원 치료를 받은 후 무사히 회복했지만, 그날의 경험은 내게 큰 교훈을 남겼다.

응급상황은 누구에게나 두려운 순간이지만, 언제 어디서든 발생할 수 있다. 보건교사는 이런 상황에서도 침착하게 대처해야 하며, 당황하거나 머뭇거릴 시간이 없다. 위급한 상황일수록 신속하고 정확한 응급처치가 필요하며, 이를 위해 평소 매뉴얼을 숙지하고 즉각적으로 대응할 수 있어야 한다. 그렇게 하기 위해서는 지속적인 지식 습득과 실전 감각 유지는 필수적이다. 이를 위해 정기적인 연수를 통해 응급사례를 학습하고, 대응 방법을 익히는 것이 중요하다. 응급상황에서의 즉각적인 대응은 생사를 가를 수 있는 중요한 순간이므로, 빠르고 정확한 판단력이 요구된다. 그러므로 지속해서 지식을 쌓고 실전 감각을 유지하는 것은 필수적이다. 또한, 교직원과 협력하여 신속한 대응 체계를 구축해야 한다. 결국, 응급 매뉴얼은 학생들의 건강과 안전을 지키는 첫걸음이다. 그리고 그 시작은 바로 정확한 기록에서 비롯된다.

평온했던 금요일 오후 점심시간 있었다. 점심시간이라 학생들의 떠드는 소리는 났지만, 평소와는 다른 시끄러운 웅성거림이 들려왔다. 곧이어 3학년 학생들이 한 학생을 부축하며 보건실로 들어왔다. 무슨 일인지 묻자, 다친 학생이 3층 계단 맨 위에서 2층으로 뛰어내렸다는 대답이 돌아왔다. 3층에서 2층까지의 높이는 꽤 높은 편이었다. 이를 목격한 학생들은 놀라 웅성거렸고, 다친 친구의 상태를 확인하려고 보건실로 몰려들었다. 예상치 못한 상황에 순간 당황했지만, 침착함을 유지하려 애썼다. 우선 처치를 위해 주변 학생들을 보건실 밖으로 내보낸 후, 활력 징후를 측정하고 신중하게 상태를 확인했다. 다행히 골절은 의심되지 않았지만, 안심할 수는 없었다.

"왜 뛰어내렸니?"

조심스럽게 물었더니, 학생은 "그냥요. 한번 해보고 싶어서요."라고 짧게 답했다. 그 순간, 꽉 막힌 듯 답답함이 밀려왔다. 사춘기 학생들의 예측 불가능한 행동은 정말이지 이해하기에 어려웠다. 상황을 종합해 보니 병원 진료가 필요하다고 판단되었다. 즉시 담임교사에게 연락해 상황을 설명했으나, 보호자는 바로 학생을 데리고 병원에 갈 수 없다는 답변을 전해왔다. 결국 학교에서 누군가 학생을 병원으로 데려가야 했고, 응급상황 매뉴얼 절차에 따라 학생과 병원에 동행했다. 다행히 진료 도중 보호자가 도착해 학생을 인계할 수 있었고, 나는 학교로 복귀할 수 있었다. 다음날 학생은 양쪽 다리에 보호대를 착용하고 등교하였다.

보건교사의 역할은 단순히 학생들을 처치하는 것에 그치지 않고, 위기 상황에서 신속하고 적절한 결정을 내리는 것까지 포함된다. 응급상황은 예기치 않게 발생하기 때문에, 보건교사는 순간적인 판단력을 발휘해야 하며, 이러한 판단은 학생들의 건강과 안전에 직접적인 영향을 미친다. 여러 학생이 몰려드는 혼란스러운 상황에서도 우선순위를 정하고 침착하게 대처하는 것이 중요하다. 사춘기 학생들은 종종 충동적이고 예측하기 어려운 행동을 보인다. 단순한 호기심이나 순간적인 충동으로 위험한 행동을 할 수 있으며, 그 결과는 심각한 부상으로 이어질 수 있다. 따라서 보건교사는 단순한 처치를 넘어, 학생들에게 위험을 인식시키는 예방교육을 강화하는 역할을 수행해야 한다. 보건교사는 전문성과 신속함을 겸비하여 학생들의 건강과 안전을 지키기 위해 최선을 다해야 한다.

2학년 학생이 체육 시간 운동장에서 활동하던 중 말벌에 오른쪽 손등을 쏘여 보건실을 방문했다. 학생은 쏘인 부위의 통증을 호소했지만, 호흡곤란이나 두드러기와 같은 알레르기 증상은 나타나지 않았다. 이에 응급처치로 벌침을 카드로 긁어 제거한 뒤, 소독하고 얼음주머니를 대어 주었다. 또한, 벌에 쏘였을 때 발생할 수 있는 알레르기 반응에 관해 설명하며, 만약 이상 증상이 나타나면 병원을 방문하라고 안내했다. 그러나 학생은 병원에 가지 않겠다고 했고, 특별한 증상이 없었기 때문에 담임교사에게 따로 알리지는 않았다. 다음 날, 교감 선생님이 보건실로 찾아왔다. 벌에 쏘인 학생의 보호자가 학교에 전화를 걸어 왜 연락을 주지 않았냐며 항의했고, 그 과정에서 해당 학생의 형인 3학년 학생이 손을 다쳤을 때도 연락을 받지 못했다며 불만을 제기했다는 것이다. 순간 당황스러웠지만, 절차적으로 잘못한 부분이 없다고 생각했다. 3학년 학생은 주말을 보낸 후 월요일 아침 보건실을 방문했다. 손등에 멍이 들어 있어 다친 이유를 물었더니, 일요일에 2학년 동생을 때린 후 손이 아프기 시작했다고 했다. 멍이 심해 골절 가능성이 있어 병원 진료를 권유했다. 당시 가정에서 발생한 일이었기 때문에 부모도 이미 알고 있을 것으로 판단해 별도로 연락하지 않았다. 그러나 보호자는 학교에서 연락을 주지 않은 것에 대해 강하게 불만을 표시했다. 이에 교감 선생님은 보건교사의 처치가 적절했더라도, 담임교사에게 학생의 상황을 공유하지 않은 것이 문제라고 지적하였다. 응급처치 후 담임교사와 정보를 공유했다면 상황을 더 원활하게 처리할 수 있었을 것이라는 말이었다.

학교에서 응급처치를 시행할 때 보호자와의 소통이 중요하다. 학생이 벌에 쏘였을 때 알레르기 반응이 없었고, 본인이 병원 방문을 거부했더라도 보호자에게 상황을 알리는 것이 필요하다. 보호자가 학교에서 무슨 일이 있었는지 알지 못하면 나중에 문제를 제기할 가능성이 커진다. 또한, 부상이 심각하지 않다고 판단되더라도 보호자로서는 작은 사고도 중요한 사안일 수 있다. 3학년 학생의 경우, 가정에서 발생한 부상이라 보호자가 인지하고 있을 것으로 생각했지만, 학교에서 다시 한번 안내했다면 보호자의 불만을 줄일 수 있었을 것이다. 이처럼 학교에서 이루어지는 모든 보건 처치는 학생뿐만 아니라 보호자와의 신뢰에도 영향을 미친다. 따라서, 보건교사는 응급처치 후 학생의 상태를 정확히 확인하고, 필요에 따라 담임교사나 보호자에게 연락하는 것이 바람직하다. 특히, 알레르기 반응이나 골절처럼 시간이 지나면서 증상이 심해질 수 있는 경우, 보호자가 병원 진료 여부를 결정할 수 있도록 충분한 정보를 제공해야 한다. 응급처치 후 보호자에게 알리는 기준을 명확히 하고, 담임교사와도 공유하여 학부모의 불만을 최소화할 필요가 있다. 이를 통해 학생의 안전을 보다 철저히 관리하고, 학부모와의 원활한 소통을 유지할 수 있다.

응급상황 시 당황하지 말고 기본부터 차근차근하면 된다. 응급 상황은 누구에게나 두려운 순간이다. 응급처치가 잘 못 되었을 때 학교보건법에 따르면 보건교사가 생명이 위급한 학생에게 응급 처치를 제공할 경우, 고의나 중대한 과실이 없다면 민사책임과 형사책임이 면제되거나 감경될 수 있다. 하지만 여전히 무거운 책임이 따른다는 사실을 잊어서는 안 된다. 응급처치 자체도 중요하지만, 법적 분쟁이 발생했을 때 응급처치 기록이 어떻게 작성되었느냐에 따라 불리한 점과 유리한 근거가 될 수 있다. 따라서 매뉴얼에 따른 정확한 처치뿐만 아니라, 이를 상세히 기록하는 것이 필수적이다. 정확한 응급처치 기록은 법적 분쟁 시 중요한 증거자료가 될 뿐만 아니라, 보건교사의 전문성을 입증하는 데도 도움이 된다. 또한, 학생의 상태를 정확하게 파악하고 보호자에게 알리는 것은 추후 발생할 수 있는 오해를 예방하는 데 도움이 된다. 응급상황에 대한 철저한 대비는 보건교사의 중요한 역할 중 하나이며, 학생들의 안전을 지키는 데 필수적인 요소이다.

번-아웃에 빠지지 않는 법

초임 시절, 6월 말이 되자 점점 지쳐가는 내 모습이 보였다. 지금은 과거가 되었지만, 코로나19 팬데믹 상황 속에서 방역 업무와 보건교육, 응급처치까지 맡아야 했고, 보건실을 찾아오는 학생들도 끊이지 않았다. 하루에도 수십 명씩 방문하는 학생들을 돌보다 보면 일과가 끝나갈 무렵이면 정신이 멍한 때가 많았다. 다른 선생님들도 지쳐 있었고, "방학이 언제 오냐"는 말이 여기저기서 들려왔다. 나는 병원에서 근무했던 경험이 있어 원래 직장생활이 힘든 거라며 버텼다. 하지만 어느 순간부터 학생들에게 짜증 섞인 말투로 대답하는 나를 발견했다. 하루는 한 학생이 보건실에 소독된 물건을 손으로 만지고 있는 모습을 보고 버럭 화를 내며 목소리가 날카로워졌다. 그러다 한 학생이 나를 빤히 쳐다보더니 조심스럽게 물었다. "선생님, 오늘 기분 안 좋아요?" 그 순간 정신이 번쩍 들었다. 내가 지쳐가고 있다는 걸 스스로 인지하지 못하고 있었다. 점점 학생들에게 퉁명스럽게 대하고 있었다. 이대로 가다가는 정말 번 아웃이 올 것 같았다. 그때 나 자신을 돌아봐야겠다고 결심했다.

보건교사는 학교 업무와 수업을 해야 하고, 동시에 학생들의 건강을 돌보아야 하기에 따뜻한 태도로 학생들을 대하는 것도 중요하다. 하지만 번-아웃 상태가 되면 가장 먼저 태도에서 변화가 생긴다. 말투가 날카로워지고, 사소한 일에도 예민해진다. 이를 방지하려면 자신의 감정을 돌아보고, 적절한 휴식을 취하는 것이 필요하다. 스트레스를 받거나 화가 나면 일부러 천천히 말하기를 의식한다. 목소리의 톤을 낮추고, 학생들에게 따뜻한 눈빛을 보내려고 노력해야 한다. 또한, 학교 업무에서 "빨리 와, 완벽함"을 추구하기보다 '천천히, 느긋하게'하는 마음을 가져야 한다. 번-아웃을 예방하려면 자기의 감정을 무시하지 말고, 나 자신을 돌보는 것부터 시작해야 한다. 건강한 보건교사가 있어야 학생들도 건강할 수 있다. 스스로에게 관대한 태도를 가지면 학생들에게도 더욱 따뜻한 마음을 전할 수 있다. 나 자신을 지키는 것이 결국 좋은 교직 생활을 유지하는 길이다.

　한 학생이 수업 시간에 아프다며 보건실로 찾아왔다. 나는 학생의 상태를 살피려 했지만, 그 학생은 갑자기 "선생님 월급 얼마 받아요? 나 같으면 선생님 하느니 편의점에서 아르바이트할 것 같아요."라고 말했다. 순간 당황스러웠고 화가 났지만, 웃으며 넘겼다. 또 다른 날에는 한 학생이 반말하며 "야, 네가 뭔데 나한테 그래."라며 무례하게 굴었다. 심지어 보건실 물건을 던지려는 행동까지 보였다. 한참 사춘기인 중학생이라고 넘기려고 해도 도가 지나쳤다. 보건실에는 다른 학생들도 있었는데, 그 학생들 앞에서 무시당하는 느낌이 들어 화가 나서 인성 부장에게 학생을 인계했다. 그럴 때면 학생을 진정시키려 노력했지만, 속으로는 답답함이 쌓여갔다. 보건실에서 성과 관련된 이야기도 서슴지 않고 하는 학생들이 많았다. 조심스러워야 할 주제임에도 아무렇지 않게 던지는 말들에 피곤함이 몰려왔다. 하루는 너무 힘들어서 멍한 상태로 앉아 있었다. 그때 우연히 교과 선생님이 보건실에 들어왔고, 나를 보고 "무슨 일 있었어요?"라는 말 한마디에 갑자기 가슴이 먹먹해졌다. 나는 그동안 쌓인 감정을 터놓고 이야기했다. 그렇게 속마음을 나누고 나니 마음이 한결 가벼워졌다.

　보건교사는 학생들을 돌보면서 예상치 못한 상황에 자주 직면한다. 때로는 학생들의 무례한 말과 행동에 상처받을 때가 있다. 하지만 감정을 쌓아 두면 번-아웃으로 이어질 가능성이 크다. 이런 순간에 가장 중요한 것은 감정을 적절히 해소하는 방법을 찾는 것이다. 나는 힘든 순간마다 마음을 터놓고 이야기할 수 있는 동료 교사와 대화를 나눈다. 보건실에서 겪는 다양한 상황들을 이해해 줄 수 있는 사람이 있다는 것만으로도 위로가 된다. 마음을 터놓고 이야기하면 답답했던 감정이 조금씩 풀린다. 때로는 단순히 공감해 주는 말 한마디만으로도 위안이 된다. "정말 힘들었겠다.", "나도 비슷한 경험이 있어." 같은 말들은 내 감정을 인정받는 느낌을 주고, 다시 힘을 낼 수 있는 원동력이 된다. 또한, 학생들의 말과 행동이 나를 향한 것이 아니라는 사실을 인지하는 것도 중요하다. 때로는 학생들의 무례한 말이 내 인격을 깎아내리는 것처럼 느껴질 때가 있다. 하지만 그 말을 곱씹어 보면, 그들이 단순히 표현 방식이 서툴거나 감정을 조절하는 법을 모를 뿐이라는 걸 알게 된다. 학생들은 아직 어리고, 감정을 적절하게 표현하는 방법을 배우는 과정에 있다. 우리는 그 사실을 떠올리며 감정을 가라앉혀야 한다. 감정을 조절하는 연습도 필수적이다. 화가 나는 상황에서도 즉각적으로 반응하지 않도록 자신을 훈련해야 한다. 학생들에게 화가 날 때면 잠시 숨을 고르고 천천히 말하려고 노력하고, 목소리의 톤을 낮추며, 차분하게 대응하면 학생들도 자연스럽게 감정을 가라앉히는 경우가 많다. 감정적으로 대응하면 상황이 더 악화할 뿐이기에, 의식적으로 속도를 늦추고 한 박자 쉬어가는 것이 필요하다.

　번-아웃이 올 때쯤이면 방학했다. 방학은 마치 오아시스 같은 존재였다. 학기 말이 되면 몸도 마음도 지쳐 있었고, 작은 일에도 예민해지는 나를 발견하곤 했다. 학생들은 방학 전에 장난스럽게 물었다. "선생님, 방학에도 학교 나와요?" 내가 아니라고 대답하면, "개꿀이네요."라며 부러워했다. 그런 말을 들을 때마다 "이제 지친 나도 좀 쉬자."라는 말이 목구멍까지 차올랐지만, 결국 꾹 참고 웃어넘겼다. 방학이 시작되면 나는 일주일 정도 아무 생각 없이 푹 쉬었다. 그동안 쌓인 피로를 풀고, 일어나고 싶을 때 일어나고, 먹고 싶을 때 먹으며 오롯이 나를 위한 시간을 가졌다. 그렇게 며칠 쉬고 나면 기운이 돌아왔고, 자연스럽게 해야 할 일들이 떠올랐다. 차츰 하고 싶은 일들도 많아졌다. 연수를 신청해 듣기도 하고, 책을 읽으며 나를 성장시키는 시간을 가졌다. 그렇게 스스로 돌보는 시간이 지나면 어느새 방학이 끝나갈 시점이 되었다. 이상하게도 다시 학교에 가고 싶어졌고, 학생들이 보고 싶어졌다. 방학은 단순한 휴식이 아니라, 나를 번-아웃으로부터 보호해 주는 소중한 시간이었다.

교사에게 방학은 단순한 휴식이 아니다. 학기 중 쌓인 피로를 풀고, 스스로 회복하는 중요한 시간이다. 집안에서 청소년 1명을 훈육하기도 힘들지 않은가? 그런데 많은 수의 학생을 대하려고 하면 번-아웃이 자연스럽게 찾아온다. 하지만 방학이 이를 막아 주는 역할을 한다. 학기 말이 되면 몸과 마음이 지쳐 있지만, 방학이 시작되면 자연스럽게 회복의 과정이 시작된다. 처음에는 아무 생각 없이 쉬지만, 점점 기운이 나면서 해야 할 일들이 떠오르고, 오히려 새로운 계획을 세우게 된다. 또한, 방학 동안 나 자신에게 집중하면서 교사로서의 방향성을 다시 정리할 수도 있다. 무엇보다 방학은 단순한 쉼을 넘어, 다시 일할 수 있는 원동력을 만들어 준다. 시간이 지날수록 다시 학교가 그리워지고, 학생들이 보고 싶어진다. 방학이 있어야 교사도 건강하게 일할 수 있고, 학생들에게도 긍정적인 에너지를 줄 수 있다. 번-아웃을 예방하기 위해서는 스스로 돌보는 시간을 반드시 가져야 한다. 방학 동안의 쉼과 자기 계발은 단순한 선택이 아니라, 지속 가능한 교직 생활을 위해 필수적인 요소다. 더불어, 취미활동을 통해 스트레스를 해소하는 것도 큰 도움이 된다. 땀을 흘리며 몸을 움직이다 보면 잡념이 사라지는 줌바댄스를 즐긴다. 1시간 동안 줌바를 하고 나면 온몸이 녹초가 되어 아무것도 할 수 없다. 그대로 쓰러져 깊이 잔 뒤에는 몸과 마음이 한결 개운해진다. 바쁜 일상에서도 자신에게 맞는 스트레스 해소 방법을 찾아 실천해 보길 권한다. 몸이 건강해야 마음도 건강해진다.

번-아웃에 빠지지 않기 위해서는 나 자신을 돌보는 일이 최우선이 되어야 한다. 보건교사는 학생들의 건강을 책임지는 역할을 하지만, 정작 자신의 건강을 소홀히 하면 결국 아무도 돌볼 수 없게 된다. 적절한 휴식과 감정 조절은 번-아웃을 막는 중요한 요소다. 감정을 억누르기보다는 건강하게 해소할 방법을 찾아야 한다. 동료 교사와 대화를 나누거나, 하루 중 짧은 시간이라도 자신을 위한 휴식을 가지는 것이 필요하다. 또한, 학생들의 말과 행동에 너무 큰 의미를 두지 않고, 청소년기의 성장 과정 중 일부라고 이해하는 태도도 중요하다. 교직 생활에서 완벽을 추구하기보다는 '천천히, 느긋하게' 하는 마음가짐을 가지는 것이 도움이 된다. 업무에 치여 나 자신을 잃어버리는 순간, 학생들에게도 따뜻한 에너지를 전하기 어렵다. 방학을 활용해 자신을 돌아보고, 번-아웃을 예방하는 시간을 갖는 것도 좋은 방법이다. 번-아웃은 한순간에 찾아오는 것이 아니라, 서서히 쌓여가는 것이다. 따라서 미리 신호를 감지하고, 적극적으로 대처하는 것이 필요하다. 나 자신을 지키는 것이 곧 좋은 교직 생활을 유지하는 길이다. 건강한 보건교사가 있어야 학생들도 건강할 수 있다. 교사로서의 사명감을 지키면서도 나를 위한 시간을 확보해야 한다. 결국, 나를 소중히 여길 때 학생들에게도 진심 어린 따뜻함을 전할 수 있다. 번-아웃을 막기 위해서는 가장 먼저 '나'를 돌보는 것부터 시작하자.

보건교사인 당신,
이미 충분히 잘하고 있어!

어릴 적 내 꿈은 선생님이었다. 학생들 앞에서 칠판에 글씨를 쓰고 설명하는 모습이 멋있어 보여, 선생님이 되고 싶다는 꿈을 가지게 되었다. 하지만 대학 진학을 앞두고 현실적인 고민이 많았고, 결국 간호학과를 선택했다. 그렇게 간호사가 되기 위해 공부하면서 점점 선생님이라는 꿈을 잊어가고 있었다. 그러던 중 1학년 때, 간호학과에서도 교직을 이수할 수 있다는 사실을 알게 되었다. 간호학과를 졸업해도 선생님이 될 수 있다는 사실이 놀라웠고, 고민 끝에 교직 과정을 신청했다. 그렇게 나는 또 다른 가능성을 향해 한 걸음 나아갔다. 교생 실습을 나가면서 학생들과 함께하는 시간이 예상보다 즐겁다는 걸 깨달았다. 실습 학교의 보건 선생님이 교생 대표로 인사말을 할 기회를 주셨고, 떨리는 마음으로 방송을 통해 첫 번째 인사를 건넸다. 그 순간, '이제 나도 선생님이구나'라는 벅찬 감정이 들었다. 하지만 한편으로는 '나는 정말 선생님이 될 수 있을까?'라는 의문이 여전히 남아 있었다. 결국, 교육과정의 일부라 여기며 실습을 마쳤고, 졸업 후에는 간호사로 병원에서 근무하게 되었다. 바쁜 하루하루를 보내면서도 '이 길이 정말 내 길이 맞을까?'라는 생각이 계속 머릿속을 맴돌았다. 고민 끝에 병원을 그만두고, 보건교사가 되기로 결심했다. 처음 학교에 발을 들였을 때는 모든 것이 낯설고 어려웠지만, 학생들과 함께하는 시간이 쌓일수록 이 일이 나에게 맞는 길이라는 확신이 들었다. 그렇게 나는 간호사에서 보건교사로, 그리고 어린 시절 꿈꾸던 선생님이 되었다.

현재 보건교사로 학생들과 함께하고 있다. 보건실에서 학생들의 상처를 치료하고, 보건교육을 하며, 때로는 마음까지 보듬는다. 단순히 상처를 치료하는 것이 아니라, 학생들 스스로 건강을 돌볼 수 있도록 돕는 것이 보건교사의 역할이라는 것을 깨달아야 한다. 물론, 예상치 못한 학생들의 돌발 행동으로 어려움을 겪을 때마다 무거운 책임감을 느끼기도 한다. 하지만 그럴 때마다 '나는 잘하고 있는 걸까?'라는 고민보다는 '나는 지금 내 자리에서 최선을 다하고 있다'라는 믿음을 가져야 한다. 어릴 적 꿈꿨던 선생님의 모습이 지금의 나에게 닿아 있음을 느끼면서, 내가 걷고 있는 이 길에 대한 확신도 커지고 있다. 반복적으로 꿈을 떠올리고, 바라고, 노력하는 과정에서 결국 내가 원했던 모습으로 성장한다. 그리고 자신을 발전시키기 위해 공부하고, 학생들에게 더 좋은 영향을 주기 위해 끊임없이 노력해야 한다. 때로는 무례한 행동으로 속을 썩이는 학생들도 있지만, 내 마음을 울리는 감동을 주는 학생들도 있다. 그래서 보건실은 마치 냉탕과 온탕을 오가는 공간처럼 다채로운 순간들로 가득하다. 그 속에서 학생들의 건강을 책임지며, 그들과 함께 성장해 가야 한다.

처음 보건교사가 되었을 때, 모든 것이 낯설고 어려웠다. 병원에서 근무할 때와는 전혀 다른 환경이었고, 학교 시스템에 적응하는 것도 쉽지 않았다. 보건실을 찾아오는 학생들의 문제도 다양했다. 게다가 내가 근무한 학교는 처음으로 보건실이 생긴 곳이었고, 남녀공학이 처음 시작된 해였다. 그래서 보건실이 어떻게 생겼는지 궁금해 구경하러 오는 선배들, 치료를 받으러 오는 학생들, 단순히 호기심에 들르는 학생들까지 보건실은 항상 학생들로 가득했다. 그렇게 정신없이 1년이 흘러갔다. 1년이 지나고 나서야 나는 보건교사로서, 그리고 보건실의 정체성에 대해 깊이 고민하게 되었다. 보건실이 단순한 치료 공간이 아니라는 것을 깨달았지만, 경험이 부족해 학생들에게 어떤 말과 행동이 도움이 될지 고민이 많았다. 보건교육을 효과적으로 전달하는 방법을 끊임없이 고민했다. 시간이 지나면서 학생들이 배운 내용을 실천하고, 고민을 털어놓는 모습을 보며 작은 변화를 느낄 수 있었다. 그제야 보건교사로서 내가 의미 있는 일을 하고 있다는 것을 실감했다. 그리고 나는 학교에서 학생들에게 일어나는 일을 가장 먼저 알 수 있는 사람이기도 했다. 보건실이라는 공간에 있다 보니 학교에서 무슨 일이 일어나고 있는지 모를 때가 있었다. 그때는 학교에서 소외된 느낌을 받기도 했다. 하지만 학생들이 보건실을 편하게 생각하고 자주 찾아왔기 때문에 학교에서 일어나는 모든 일들을 알 수 있는 공간이 보건실이라는 것을 깨달았다. 그만큼 보건실은 중요한 공간이었다. 나 또한 이제는 보건교사로서 학생들에게 인정받고 있다는 생각이 들었고, 안정감이 생겼다.

보건교사로 일한 지 4년이 지난 지금도 여전히 힘든 순간들이 있다. 하지만 그동안의 경험을 통해 배운 것도 많다. 학생들에게 보건실은 단순한 쉼터가 아니라, 치료와 건강을 지킬 수 있는 공간이라는 사실을 깨닫는다. 보건교사는 그곳에서 학생들에게 신체적인 치료뿐만 아니라 정신적인 안정감도 제공하는 역할을 한다. 또한 보건실은 사랑과 관심으로 학생들을 따뜻하게 맞아주는 교사가 있는 공간이라는 것을 알아야 한다. 학생들과의 신뢰가 깊어질수록, 그 믿음을 바탕으로 마음을 열고 대화할 수 있다는 것에 큰 자부심을 느끼며, 보건교사라는 직업이 얼마나 보람된 일인지 확신하게 된다. 매일 학생들과 소통하며, 그들에게 필요한 도움을 줄 수 있다는 사실이 새삼 감사하게 느껴진다. 학생들의 건강과 마음을 돌보는 일은 내가 하는 일의 의미를 더욱 깊게 만든다. 그래서 보건교사는 "나는 충분히 잘하고 있다"라는 확신을 품고 살아야 한다. 내가 하는 일이 학생들에게 긍정적인 영향을 미친다는 것을 알고 있기에, 자신을 스스로 격려하며 자신감을 잃지 말아야 한다. 비록 힘든 순간이 찾아오더라도, 보건교사가 학생들에게 전하는 긍정적인 영향은 그 어떤 어려움보다 값지고 의미 있는 일임을 항상 기억해야 한다.

처음으로 학생 건강검진을 시행하려 할 때, 어떻게 진행해야 할지 몰라 막막했다. 이전에는 두 개의 병원을 지정해 학생들이 직접 방문하여 검진받았다고 했다. 하지만 코로나19 팬데믹 상황에서 건강검진을 진행하는 것은 쉽지 않은 일이었다. 우선 건강검진

승인 완화 요청서를 작성했고, 출장 검진을 신청해야 했지만 어디에 신청해야 하는지 몰라 주변 학교 보건 교사에게 연락해 방법을 물었다. 출장 검진 장소를 정하는 것도 쉽지 않아 여러 차례 문의해야 했다. 검진 날짜를 정하는 과정도 복잡했다. 누구와 논의해야 할지 몰라 다른 선생님께 여쭤보고, 교무부장과 상의해 학교 일정과 겹치지 않도록 조정하는 데 하루가 걸렸다. 교무부장도 수업이 있어 시간을 맞추는 것이 쉽지 않았기 때문이다. 이렇게 하다 보니 이제는 외부 교육이나 건강검진 일정을 효과적으로 조율하는 노하우가 생겼다. 2월에 학사 일정이 나오면 미리 학교 일정이 없는 날을 선택해 계획을 세운다. 업무가 조금씩 수월해지는 것을 느끼며, 어느새 경험이 쌓이고 있음을 실감한다.

처음에는 어려웠던 일이지만, 경험이 쌓이며 자연스럽게 해결해 나가는 자신을 발견한다. 학생들을 대하는 것부터 동료 교사들과의 관계, 학교 업무처리까지 처음에는 모든 일이 어렵게 느껴진다. 하지만 경험이 쌓이면서 점점 자연스럽게 해결해 나가는 자신을 발견하게 된다. 학교 업무와 보건 수업을 차질 없이 진행할 때 보람을 느낀다. 시간이 지나면서 더 효율적인 방법을 찾게 되고, 보건교사로서 해야 할 역할에도 자신감이 생긴다. 이런 자신감은 하루아침에 만들어지는 것이 아니다. 작은 경험들이 쌓이면서 점점 단단해진다. 처음부터 완벽해지려고 할 필요는 없다. 누구나 처음은 서툴 수밖에 없다. 중요한 것은 나만의 노하우를 만들어가는 과정이다. 시행착오를 겪으면서 점점 더 성장한다. 실수하더라도 그 경험이 결국 나를 더 단단하게 만든다. 그리고 그렇게 쌓인 경험이 보건교사로서 나의 역할을 잘하고 있다는 의미다.

프랑스 작가 앙드레 말로의 명언 중에 "꿈을 오랫동안 그리는 사람은 마침내 그 꿈을 닮아 간다.". 이 문구는 보건교사로 사는 삶을 돌아볼 때 더욱 깊이 와닿는다. 보건교사의 길은 전혀 쉽지 않다. 때로는 학생들의 갑작스러운 상황에 당황하기도 하고, 업무의 무게에 지칠 때도 있다. 하지만 그 속에서도 분명한 의미와 보람이 존재한다. 학생들이 보건교사를 믿고 보건실을 찾아올 때, 내가 해준 작은 조언 하나에 거친 말 습관을 바꾼 학생을 볼 때, 교사로서 해야 할 역할을 다시금 되새긴다. 처음에는 모든 것이 낯설고 어렵지만, 시간이 지나면서 점점 더 단단해진다. 시행착오를 겪으며 자신만의 방식으로 문제를 해결하는 법을 배우고, 학생들과의 신뢰를 쌓아간다. 보건교사는 단순히 건강을 돌보는 사람이 아니다. 학생들의 몸과 마음을 함께 살피고, 때로는 조용한 위로자가 되기도 한다. 그래서 보건교사는 매일 최선을 다하고, 때로는 자신을 격려할 필요도 있다. "나는 충분히 잘하고 있다"라는 확신을 가지고, 오늘도 보건실에서 학생들을 맞이해야 한다.

4장.

보건 업무를 통해 보건교사는 성장한다

–

나애정

우물 안 개구리, 어쩌면 내 모습?

"안녕하십니까? 한국교원대 종합교육연수원 J 연구사입니다. 추운 날씨에 건강관리 유의하시고 행복한 연말연시 보내시기를 바랍니다. 드릴 말씀은 보건교사 1급 자격연수 관련입니다. 올해 에도 교원대에서 12월 30일부터 1월 7일까지 집합 연수가 진행될 예정입니다. 이와 관련하여 강사로 위촉하고자 연락을 드리는 부분입니다. 별도 전화로 협의드리겠습니다. 감사합니다. 연수원 J 연구사 드림."

보건실에서 한참, 바쁘게 일하는 중에 카톡 메시지 음이 들렸다. "어! 뭐지? "하는 마음으로 메시지를 확인하니, 1급 보건교사 연수

강사로 위촉한다는 내용이었다. 가슴이 떨리기 시작했다. 이번이 2번째이지만, 잠시 잊고 있었다. 학교에서는 심적으로 여유가 없기에 개인적인 생각은 하지 못하고 보건 업무에만 집중하는 편이다. 이런 메시지를 받으니, 갑자기 힘이 솟는 듯했다. 이런 종류의 메시지를 받는 사람이 얼마나 되겠나? 생각하니, '그동안 보건교사로서 열심히 살아왔구나!' 하는 생각이 들었다. 작년에도 1급 자격연수를 받는 보건교사를 대상으로 강의했었다. 내가 강의한 주제는 "보건교사를 위한 인문학"이었다. 나는 그동안 여러 권의 책을 썼다. 2018년부터 시작해서 현재는 20권 이상의 책을 출간했는데, 주제는 주로 독서, 책 쓰기, 새벽 기상, 기타 내 삶의 이야기들이다. 삶을 통해서 느끼고 깨달은 것을 책으로 쓴 자기계발서이다. 이 중에는 보건교사를 주제로 한 책도 있다. 《나는 보건교사입니다》란 제목으로 2022년도에 처음 썼다. 그리고 23년도에는 3명의 보건교사와 함께 《보건교사 마음》이란 공저를 썼다. 이런 책 쓴 경력들이 알려져서 1급 보건교사를 대상으로 책 쓰기, 글쓰기에 대한 내 경험과 노하우들을 강의하게 되었다. 나는 개인적으로 책 쓰기를 통해서 보건 업무에도 많은 도움을 받았다. 엄마로서, 주부로서, 직장인으로서 모든 역할을 해낼 수 있었던 이유를 나는 책 쓰기에 두고 있다. 책을 쓰면서 스스로 세상을 보는 관점을 바꾸었고, 시련에 대한 여유로운 마음도 가질 수 있었다. 힘든 상황을 하나의 성장 기회로 보는 마음을 가지게 되어 보건교사의 역할도 더 활기차고 적극적으로 해내고 있다고 본다. 보건교사였기에 보건교사의 삶만을 고집했다면, 아마도 많이 힘든 삶을 살지 않았을까 싶다. 우리가 살아가는 이유는 마음이 행복해야 그 생활을 유지할 수 있는데, 보건교사로서 책을 쓴다는 것은 처음에 몸이 조금 고될 수 있지만, 책 쓰기를 통해서 결국은 보건교사 삶뿐 아니라 개인적인 삶도, 주체적으로 살아갈 수 있었고 현재는 만족스러운 삶의 주인공이 되었다고 생각한다.

나는 나의 책 쓰기 경험과 노하우를 〈전학공〉 선생님들에게 공유하려고 했다. 보건교사로서 책을 써보니, 책 쓰기만큼 좋은 것도 없다고 생각했다. 우선, 보건교사는 생각 외로 글을 많이 써야 하는 직업 중 하나였다. 글을 쓰고 책을 쓰면서 나는 이런 생각을 더 많이 하게 되었다. 요즘 시대 말보다는 글을 쓰는 시대이다. 직장에서도 전화해서 소통하는 것도 하지만, 그래도 소통의 대세가 점점 글쓰기로 이동하고 있다. 직장인이라면 글쓰기를 편하게 할 수 있는 수준이 되어야 한다. 특히, 보건교사라면 학교 내 건강 지킴이로서 소소한 모든 것들도 메시지 글쓰기로 학교 구성원들에게 예방 교육하고 건강관리를 해야 한다. 글쓰기를 활용한다면 소통이 원활해지고 학교 건강 유지와 증진에도 더욱 도움이 된다고 본다. 그래서 나는 이런 보건교사 위치의 특수성을 강조하면서 〈전학공〉 공저 쓰기를 통해서 글쓰기 능력을 키워야 함을 강조했다. 이에 호응하는 보건교사 1명이 있었고, 그 보건교사가 오랫동안 몸담고 있었던 〈전학공〉에 내가 책 쓰기 강사로서 강의하고 책 쓰기 과정을 이끌게 되었다. 첫 대면 모임에서 나는 캔바로 강의 자료를 만들어서 책 쓰기에 대한 전반적인 내용을 알려주었다. 다들 의욕이 넘쳤다. 보건교사는 대략, 9명 정도 되었다. 첫 강의가 끝나고 다른 학교로 이동한 선생님까지 합세하여 인원은 더욱 늘었다. 단톡방을 만들어서 서로 소통하면서 차근차근 공저 쓰기를 진행했다. 그러다가 목차를 만들고 목차 완성을 한 이후에 상황이 좋지 않게 변했다. 완성한 목차에 대해서 이런저런 의견이 많았다. 막상 쓰려고 하니, 쉽지 않을 것 같은 꼭지는 바꾸었으면 좋겠다는 의견들이 나왔다. 공저는 개인 저서와 다르게 다른 사람의 꼭지 제목도 보면서 조율해 가면서 목차를 완성한다. 그동안 경험과 노하우로 정해진 부분에 대해서는 어느 정도 여러 권의 책을 쓴 나의 의견을 존중해주길 바랐지만, 보건교사는 그동안 함께했던 단체의 힘을 빌려서 결국에는 목차 수정을 원했다. 그것이 발단이 되어서 결국은 공저 쓰기가 무산되고 말았다. 참으로 안타까운 일이다. 처음 하는 일들은 일단, 멘토의 의견을 중심으로 힘을 모아야 결과물이 나올 수 있다. 그런데, 한 번도 해보지 않은 책 쓰기를 하면서 그전 〈전학공〉의 모임 분위기를 벗어나지 못하고 그럴싸한 토론 방식으로 책 쓰기 과정을 운영하길 바랐다. 공저 쓸 때는 너무 의견이 많아도 출간까지 가기가 쉽지 않다. 끝까지 가지는 못했지만, 자판 필사와 감상 글쓰기를 한 달 이상했기에 전혀 무의미한 시간은 아니었다고 본다. 그래도 너무나 안타깝다. 만약, 그때, 나의 공저 쓰기 경력을 인정하고 끝까지 힘을 모아 주었더라면 지금쯤, 보건교사의 삶을 다룬 또 한 권의 공저가 출간되었을 것으로 생각해 본다. 물론, 나 없이도 공저를 완성할 수도 있다. 나는 그동안 고생이 사라지지 않도록 그렇게 출간하길 바란다.

오히려 단체이기 때문에 자칫 원하는 방향으로 나아가지 못할 수도 있다. 〈전학공〉 공저쓰기를 주도하면서 나는 그런 생각을 하게 되었다. 그전 〈전학공〉의 시스템과 분위기와 사뭇 다르더라도 꿈과 목표를 향해서 나가야 한다. 소소한 일들에 현혹되고 흔들리면 원하는 목표까지 가기 힘들어진다. 좀 더 크게 세상을 보는 관점을 가져야겠다. 감정적인 것에 이끌려 귀한 것을 놓치면 안 되는 것이다. 서로 간의 유대감도 중요하지만, 때론, 더 큰 가치를 위해서 잠시 감정을 내려놓을 수도 있어야겠다. 단체이기 때문에 이런 분위기 조성이 더 필요하다고 본다. 보건교사 개인도, 단체의 분위기가 성장을 방해한다거나 작은 일 때문에 큰일을 거스르는 일이 발생하지 않도록 서로 노력해야 한다. 우물 안을 우리 세상의 전부로 봐서는 안 되겠다. 우물밖에 더 큰 성장과 변화들이 존재한다면, 우물을 벗어나서 좀 더 큰 것들을 얻을 수 있는 기회를 잡아야 한다. 기회를 기회로 볼 줄 아는 지혜가 필요한 것이다.

학교의 건강을 지키는 보건교사라면 자신의 성장부터 챙겨야 한다고 본다. 시대는 급속도로 변화하고 내가 배우고 익혀야 할 것들은 점점 많아진다. 그중에서 우리가 키워야 할 능력은 어쩌면 글 쓰는 능력이지 않을까? 생각해 본다. 글 쓰고 책 쓰기를 하기 전에는 잘 몰랐다. 나 자신도 보건교사란 직업이 쉽지 않았다. 잘 모르는 사람들은 보건교사가 학교에서 가장 편한 존재라고 알고 있다. 큰 보건실에서 우아하게 앉아서 아이들 처치해 주고 컴퓨터만 치고 앉아 있는 것처럼 보이니 세상 편해 보이는 것처럼 느낄 수 있다. 하지만, 자세하게 들여다보면 다른 면이 보일 것이다. 우리가 직접 보건교사가 되어 보건교사의 일을 해보니, 그런 겉모습으로 보이는 것은 보건교사의 진짜 모습에 극히 일부에 지나지 않는다는 것을 알게 된다. 나 자신도 과거 중학교 때 보건 선생님이 뜨개질하는 모습을 보고는, '얼마나 할 일이 없으면 학교에서 뜨개질할 시간이 다 있을까?' 생각했었다. 지금 보니, 그 보건교사는 할 일이 너무 많아 잠시 휴식을 위해 뜨개질을 했을 수도 있다는 생각을 지금은 한다. 그래야 또 힘을 내서 학교의 건강을 지켜나갈 수 있을 테니까 말이다. 보건교사는 바빠서 어디에 가서 배우는 것도 쉽지 않다. 온라인 교육도 있겠지만 그것도 시간이 맞아야 교육받을 수가 있다. 그래서 나는 보건교사가 자신의 시간에 맞추어 할 수 있는 최고의 성장 동력이 되는 것을 다음과 같은 것이라고 강조하고 싶다. 이것을 기본적으로 실천하길 바란다.

첫째, 책 읽기이다.

책 읽기는 장기적이고 체계적인 성장 요소이다. 여유가 있을 때, 잠시 잠깐이라도 책을 잡을 수 있다. 학교에서는 점심시간은 그래도 공식적으로 쉴 수 있는 시간이다. 보건교사에게는 쉼이 불가한 시간이겠지만, 그래도 학생들 처치를 하면서 잠시 잠깐 책을 보는 습관을 만들어 보길 바란다. 나는 이 시간에 《논어》 자판 필사를 했었다. 생각 외로 어려운 책이라고 생각했던 고전을 눈으로만 보는 것이 아니라 자판으로 치니 훨씬 이해도 잘되고 더 읽고 싶어졌다. 자신만의 방법으로 책 읽기를 게을리하지 않으면 된다.

　둘째, 글쓰기이다.

　글쓰기는 보건교사의 전문적 능력을 높이는 비법이다. 아무리 많은 전문지식을 가지고 있더라도 그것을 표현하지 않으면 주변 사람에게 도움이 안 된다. 보건교사는 건강관리를 이끌 교육자가 되어야 한다. 그래서 아는 지식을 수시로 글쓰기를 통해서 알리고 공유해야 한다.

　셋째, 책 쓰기 도전이다.

　책 쓰기 도전은 책 1권 출간이 목적이 아니다. 글쓰기를 최종목적으로 책 쓰기에 도전해 보는 것이다. 글쓰기 어떤 방법으로 해도 잘 극복이 안 되는데, 책 쓰기를 한번 도전하면 해결된다. 책 쓰기는 꾸준히 긴 글을 쓰게 만들기 때문이다. 긴 글을 쓸 수 있을 때, 짧은 글, 긴 글, 기타 어떤 글도 쓰기가 편해진다. 그래서 책 쓰기는 글쓰기의 단련 수단으로 활용하라는 것이다.

　보건교사로서 우물 안 개구리가 되지 않았는지 자신을 한 번씩 점검해 보자. 보건교사는 학교에서 혼자라 홀로 고민하면서 보건 업무를 할 때가 많다. 물론, 일을 할 때는 다른 학교 구성원과 함께 수행한다. 계획단계나 학교 건강이란 큰 그림을 그리기에는 학교 누구하고도 속속들이 이야기를 나눌 수가 없다. 그렇기에 외로움을 기본적으로 가지고 있으면서도 건강지킴이로서 혼자서 고뇌하며 그 역할을 완수하기 위해서 자신만의 원칙과 의료인으로서 고집을 가지지 않을 수가 없다. 그러다 보면, 남의 이야기를 듣고 그것을 내 성장의 동력으로 살아가는 일에 점점 소홀해질 수도 있다. 그렇기에 항상 이런 부분을 견지하며 스스로 열린 마음으로 보건실을 운영하고 자신도 성장을 위해 노력해야겠다. 그 방법으로는 책 읽기와 글쓰기, 책 쓰기를 추천한다. 이 방법은 바쁜 보건교사가 시간 여유 있을 때 할 수 있고, 편안하면서 조용히 그것도 매일 성장할 수 있는 자극제가 되어 준다. 보건교사의 삶뿐 아니라 개인적인 삶에도 더욱 만족스럽고 행복한 보건교사가 되어갈 것으로 판단한다. 지금 당장, 책 한 권 정하고, 보건실 책상 앞 책꽂이에 꽂아두고 짬 시간 날 때마다 한 번씩 읽어 보시길 권한다. 그리고 습관을 만들기 위해서는 일정한 시간을 정해두고 하는 것을 추천하니, 일정한 시간도 한번 정해보길 바란다. 글 쓰는 방법으로는 인스타그램 글쓰기를 도전해 보길 바란다. 글쓰기에 있어서 가장 중요한 것은 남이 보는 글을 써야 한다는 것이다. 그래야 글쓰기의 성장이 일어난다. 학교의 유일한 의료인으로서 항상 고민하는 보건교사를 지지한다. 특히, 신규 보건교사나 새롭게 일터로 돌아온 보건교사에게 응원을 보낸다.

감염병 대응,
이제 보건교사의 존재 이유이다

　몇 년 전에 보건실의 소속 부서를 생활 인권부에서 예체능부로 옮긴다는 소문이 있었다. 나는 보건 업무가 예체능부서보다는 생활 인권부서와 더 관련이 있다고 생각했다. 나는 이런 의견을 제안했고, 결국, 그 제안이 받아들여져 기존대로 보건은 생활 인권부서에 남게 되었다. 우리 학교는 30학급이고 학생 수는 720명 정도이다. 생활 인권부서에는 부장 포함해서 5명의 교사가 있는데, 보건교사가 1명 있으니, 실질적 생활 인권 부원은 부장 포함해서 4명인 셈이다. 보건교사는 보건 고유의 업무가 있기에 소속만 그렇게 해두고 생활 인권부의 업무가 아니라 보건 업무를 한다. 그러니, 생활 인권부의 일을 하는 사람은 4명이 된다. 학교의 궂은일을 도맡는 부서라 인원이 부족하지 않나? 하는 생각을 하긴 했다. 보건교사가 예체능부로 간다면 인원 부족이란 부분이 더 부각 되어 인원을 추가로 보충받을 수 있을지도 모르겠다. 그래서 나는 최대한 생활 인권부의 일도 도와줄 수 있으면 도와주려고 한다. 보건 업무도 적지 않아서 도와주려는 것이 한계가 있긴 하지만, 그래도 마음은 그렇다. 그리고 신경도 쓰고 있다. 감염병 대응과 관리로 인해 학교에서 보건교사의 역할은 매우 중요해졌다. 한마디로 이제는 없어서는 안 될 중요한 위치가 된 것이다. 그 이유는 코로나19 대응에서 보건교사의 역할이 컸었고, 또다시 감염병 팬데믹은 언제든 도래할 수 있기 때문이다. 코로나19는 오랜 기간, 전 세계를 힘들게 만들었다. 2019년 말부터 아마도 3년 이상을 걸쳐서 전 세계의 건강뿐 아니라 경제, 기타 모든 영역에서 큰 타격을 입혔다. 학교도 여러모로 힘든 상황이었다.

보건교사 소속 부서가 예체능부가 아니라 생활 인권부라서 감염병 관리에 더 효과적으로 대응할 수 있었다고 본다. 코로나19 관리 때도 마찬가지였다. 코로나19 관리라고 하면 아침 시간 학생들 등교할 때, 체온 측정이 기본인데, 이 체온 측정의 역할을 맡은 것이 아침 교무 지도담당인 생활 인권부였다. 정문에서 1차 측정하고 건물 안으로 들어오는 입구에서 자동 체온 측정기를 비치해

두고 한 명의 교사가 또 지켜보며 체온 측정을 관리했다. 만약, 열나는 학생이 있으면 건물 안으로 들여보내지 않고 학부모와 통화 후 바로 귀가 시켜 코로나19가 학교 내에 확산하지 않도록 대응했었다. 이렇게 하니, 생활 인권부와 소통도 잘 되었다. 코로나19 상황에서도 일반적인 처치 학생은 여전히 발생하기에 보건교사는 코로나19 관련 일만 할 수가 없다. 그런 차에 생활 인권부에서 정문과 건물 입구 체온 측정을 담당하여 아주 기발한 아이디어이면서 코로나19 대응에 효과적인 방법이 되었다. 과거 감염병이 보건의 큰 영역이 되기 전에는 보건교사는 응급환자의 적절한 대응이 가장 중요한 업무였다고 본다. 응급환자는 주로 체육활동을 하다가 생기는 경우가 많아서 체육 교사와 긴밀한 관계가 요구되었다. 지금은 상황이 좀 달라졌다고 본다. 응급환자도 중요하지만, 응급환자 관리 이상으로 감염병 대응과 평상시 감염병을 위한 관리 시스템 구축이 보건교사의 핵심 업무가 되지 않았을까? 생각한다.

올해도 나는 필리핀 세부 여행을 다녀왔다. 사실, 올해는 좀 쉬었다가 내년에나 다시 가볼까 생각했었다. 나는 개인적으로 필리핀에 특별한 정을 가지고 있다. 아이들이 초등학생 저학년 때, 아이 둘을 데리고 1년 6개월 동안 필리핀 세부살이를 했었다. 아이들은 어려서 그냥 엄마가 가자고 하니 따라 갔었다. 필리핀 사립 학교에 입학해서 그동안 한 번도 공부해 보지 않았던 영어로 말하고 읽고 쓴다고 나름 힘든 시간을 보냈을 것이다. 사실, 알파벳도 모르고 필리핀에 가서 아마 당황스러웠을 건데, 어린아이들이라서 그래도 잘 수용했고 수용한 만큼 자신도 모르게 배우고 성장했을 것이다. 지금은 중학생이 된 아이들은 그래도 영어를 공부가 아니라 생활언어로 받아들인다. 영어에 대한 심리적 장벽은 낮다. 그리고 또한, 한국뿐 아니라 세상에는 다른 나라도 있다는 것을 어린 나이 때, 몸으로 체득했다. 한마디로 글로벌 사고방식이 무의식 깊이 자리하고 있다고 본다. 엄마와의 평생 잊지 못할 추억은 덤이다. 엄마인 나도 그때, 해외살이로 인해 한 번도 느끼지 못했던 깨달음을 나름 얻었고, 삶에 대한 통찰력을 키웠다고 본다. 한국에서 평범한 일상이 그곳에서는 쉬운 것 하나 없이 며칠 동안 고민하면서 풀어나가야 했다. 그런 시간을 통해서 세상에 그저 되는 것이 없다는 것도 느꼈다. 시간은 많이 흘렀지만 나는 해마다 필리핀 여행으로 그때의 추억을 되살리고 있다. 올해는 딸아이와 다녀왔는데, 막탄 국제공항에서 새벽에 출발해서 한국에 아침에 도착했다. 그리고 나는 오전 11시쯤 대학 동문회에서는 하는 모임 겸 연수에 참석했다. 분명, 새벽까지만 해도 필리핀에 있었는데,

그날 오전 시간에 나는 다시 한국에 있고, 한국에서의 일정도 소화했다. 그러면서 '세계가 참 가깝다. 세상이 서로 먼 나라가 아니다.'라는 사실을 피부로 느꼈다.

세상이 서로 이렇게 가깝기에 나쁜 점도 있다. 의료인의 한 사람으로 우려하는 것은 바로 감염병 전염 속도이다. 누구나 해외여행을 할 수 있는 시대에 살고 있다. 마음만 먹는다면 누구나 먼 나라, 오지의 나라까지 못 갈 곳이 없다. 그런 상황에서 사람만 이동하는 것이 아니다. 그 나라의 세균이나 바이러스도 함께 이동한다. 코로나19도 역시 전 세계로 확산하고 사람들이 감염병으로 죽어나가는 시간이 길지 않았다. 한마디로 세계가 하나의 마을처럼 가깝게 되어, 하나의 거대 공동체라고 할 수 있다. 세계의 일이 곧 우리의 일이 되었다는 것을 인지한다면, 감염병 관리가 더욱 중요하고, 평상시 감염병 관리를 더 철저히 해야 한다는 생각을 자연스럽게 하게 된다. 새 학기가 되기 전에 내려온 공문을 확인하니, 평상시 감염병 대응 시스템을 어느 정도 갖추었는지 학교 체크리스트 자체평가를 근거로 컨설팅을 온다는 내용이 있다. 모든 학교를 다 컨설팅할 수는 없겠지만 무작위로 몇 개의 학교를 정해서 실시한다고 한다. 역시나 교육청에서도 감염병 관리의 중요성을 크게 인지하고 미리 감염병 예방을 위한 학교 시스템 조성에 들어갔다고 생각해 볼 수 있다.

　감염병 관리를 위해 보건교사가 갖추어야 할 역량은 무엇일까? 새 학기 교직원들에게 해야 할 핵심 주제 2가지로 나는 감염병 관리와 응급환자 대응을 꼽고 있다. 코로나19가 끝나면 사람들은 또 금방 잊어버린다. 먼 과거의 일처럼 생각한다. 하지만 의료인의 관점은 다르다. 언제든 다시 코로나19 같은 감염병이 도래할 수 있다고 여긴다. 보건교사라면 다들 그렇게 생각하고 있을 것이다. 응급 대응도 마찬가지이다. 응급환자는 언제 어느 때, 예측불허의 상황에서 발생하고 있기에 항상 긴장해야 한다. 이 2가지 관리를 위해서 연초에 연수 책자에 수록하고 연수 날에는 마이크 잡고 얼굴 보면서 친절히 재강조해야겠다. 책자는 근무서면서 궁금한 것이 있을 때마다 찾아서 확인할 수가 있다. 점점 그 중요도가 커가는 감염병 대응과 관리, 이것을 위해 보건교사가 갖추어야 할 특별한 역량은 분명히 있을 것이다. 감염병 대응과 관리를 위해 필요한 역량을 구체적으로 정리해 보자면 다음과 같다.

　첫째, 감염병 대응 및 관리 조직도 주기적 정비 능력

　감염병 대응 조직도는 교육청에서 내려온다. 크게 손을 볼 것은 없다. 다만, 현장에 있는 보건교사로서 조직도는 계속 관심 있게 보완해 나간다는 생각을 가져야 한다. 교육청은 이론적인 면을 강조하고 있다. 보건교사는 그 매뉴얼을 가지고 현장에서 직접 일을 해야 할 사람들이다. 그래서 이론과 실제의 갭을 관찰과 건의로 수정해 나가야 함을 기억해야겠다. 완벽한 것은 없고, 시간이 지나면서 변동되는 사항은 많다. 그렇기에 조직도를 세밀히 관찰하고 주기적으로 수정해 보는 태도와 능력이 필요하겠다.

둘째, 감염병 관리를 위한 전문적 역량

감염병은 출현할 때마다 다양한 지식과 정보가 필요하다. 연구진들이 출현한 감염병을 분석하고 샅샅이 알아내기 전까지 우린 추이를 관찰하면서 학교 내 감염병 차단 및 확산 예방을 위해 일반적인 대응법을 적용하면 되겠다. 감염병이 주로 공기 중 비말에 의해 전염되기에 가장 기본적인 대응법은 마스크 착용, 확진자 관찰, 소독 및 방역, 기타 등 코로나19 대응 방식과 비슷한 방식들이 되겠다.

셋째, 비대면 상황에 필요한 소통 방법인 글쓰기 능력

감염병 상황일 때, 가장 필요한 능력이 의료인으로서 전문성 능력뿐만 아니라 글쓰기 능력이라고 나는 강조한다. 왜냐하면 감염병일 때는 대면 접촉을 최대한 지양해야 하기 때문이다. 얼굴을 보지 않고 소통해야 학교가 제대로 운영된다. 그렇다면 소통 가능한 방법이 글쓰기밖에 없다. 감염병 대응과 관리를 최대한 원활히 하기 위해 갖추어야 할 보건교사의 능력이 바로 글쓰기 능력이 될 수밖에 없는 것이다. '글쓰기는 나와 상관없어. 글 잘 쓰는 사람들은 따로 있어.'라고 생각하면 안 된다. 감염병 대응과 관리를 핵심 업무로 하는 보건교사라면 이제는 누구나, 글쓰기 능력을 갖추고 최대한 소통력을 높여, 전 교직원이 한마음으로 합심할 수 있는 분위기를 조성해야 한다. 그렇게 감염병 시기를 지혜롭게 넘겨야 한다고 본다.

감염병 대응, 이제 보건교사의 가장 큰 핵심 업무이자 보건교사의 존재 이유가 되었다고 생각한다. 보건교사라면 누구나 이런 생각들을 하고 있을 것이다. 감염병 관리의 중요성을 인지하지 못한다면 시대에 뒤떨어진 보건교사, 과거 속에 살아가는 보건교사라는 소리를 들을 수도 있다. 전 세계가 하나의 공동체가 된 상황에서 보건교사는 응급 대응만 놓치지 않으면 된다고 생각하면 안 되겠다. 응급 대응은 한 개인을 주로 대상으로 하며 학교 전체를 흔들고 영향을 미치지는 않는다. 한 개인의 응급처치가 시기적절하게 안 되면 아주 큰 일이겠지만 그렇다고 해서 학교 전체의 학생들에게 치명적인 영향을 주지는 않는다는 것이다. 응급 대응은 소수이고 감염병 관리 대응은 다수를 대상으로 이루어진다고 볼 수 있다. 전 세계가 한마을처럼 되기 전인 과거에는 감염병이 학교 건강관리 측면에서 그렇게 큰 영역을 차지하지는 않았다. 왜냐하면 먼 나라에서 발생한 풍토병이나 신종 감염병이 우리나라까지 오는데, 시간이 오래 걸리고 그 시간 동안에 감염병에 관한 연구와 조사가 어느 정도 이루어져 백신 개발이 완성되고 여러 가지 부수적인 대응 시스템이 갖추어지기 때문이다. 하지만 요즘 시대에는 전염 속도가 너무 빠르다. 그래서 무방비 상태로 새로운 신종 바이러스에 어느 나라나 노출될 수밖에 없는 것이다. 나라가 무방비 상태로 노출되니, 나라 안에 있는 학교 또한 마찬가지로 무방비 상태로 신종전염병에 그대로 노출되게 되는 것이다. 그래서 평상시 감염병 관리 시스템에 대한 정비가 계속 이루어져야 하고 감염병 관리의 주체라고 할 수 있는 보건교사는 감염병 관리 대응 역량을 키우기 위해서 평상시 조금 더 에너지를 투자해야겠다.

비대면의 시대,
보건교사도 글쓰기 역량이 필요하다

3월 새 학기를 앞두고 보건교사 〈전학공〉 위원모집을 시작했다. 현재 8명의 보건교사가 자신의 관심 주제에 대해 위원을 모집 중이다. 학교 밖 〈전학공〉 활동을 통해 함께 배우고 변화하고자 제안한 보건교사는 운영장이 되고 이 주제들을 확인하고 관심이 있는 〈전학공〉에 신청한 보건교사는 위원이 되어 1년간, 주제별 자신의 성장을 위해 노력하게 된다. "전학공"은 "전문적 학습공동체"의 줄임말이다. 보건교사의 자기 계발을 위해 자체에서 이렇게 각자 가진 재능을 기부하거나 아니면 긍정적인 성장을 위해 함께 노력하는 시스템은 보건교사로서 삶을 굉장히 업그레이드하는 데 도움이 된다고 본다. 나 또한 이미 여러 권의 책을 썼다. 책 쓰기 과정을 통해서 보건교사가 책을 쓸 때 글쓰기 성장이 가장 빠르게 생긴다는 것을 인지하게 되었다. 그래서 글쓰기가 많이 필요한 보건교사의 글쓰기 능력향상을 위해 재능 기부한다는 차원으로 〈전학공〉을 운영하고자 위원들을 모집하기 시작했다.

1. 신규나 저 경력 보건교사 멘토링

2. 굿티처 인형극

3. 성교육 톺아보기

4. 도깨비 에듀테크를 활용한 보건수업 에듀터치하기

5. 함께하는 초등 그림책 수업

6. 의료분야 독서 나눔을 통한 보건교사 전문성향상

7. 보건교사 글쓰기 역량향상을 위한 공저 쓰기

8. 노선 및 구글을 활용하여 스마트하게 보건 업무하기

위와 같이 〈전학공〉 주제들은 8종류이다. 과연 보건교사들이 얼마나 신청할까? 하는 생각이 들었다. 사실, 이런 〈전학공〉은 보건교사끼리 서로 성장을 독려하면서 함께 변화하자는 의도로 추진되고 있었다. 하지만, 생각 외로 참석하는 보건교사가 많지 않았다. 예산도 그룹당 40만 원에서 50만 원 정도로 지원이 되지만

이 지원금으로는 부족했다. 그냥, 격려 차원의 지원금이라고 생각하고 배움과 성장의 열정으로 함께 공부한다는 순수한 마음으로 참석해야 한다. 위의 주제 중에서 나도 배우고 싶은 주제가 있었다. 평상시 "노션" 프로그램에 관해서 관심이 있었는데, 배울 기회가 없었다. 그래서 8번 '노션'에 관한 주제는 나도 동참하고 싶었지만, 여러 사람에게 고르게 혜택을 주자는 취지로 중복신청은 안 된다고 해서 마음을 접었다. 그리고 운영장을 하면 또 바빠질 것 같기도 해서 다른 사람에게 양보하기로 했다. 〈전학공〉 운영은 신청 인원이 최소 6명 이상 되어야지 운영이 가능하다고 한다. 지금 지켜보고 있다. 사실, 공저 쓰기는 보건교사들이 어쩌면 부담을 느낄 수 있다는 생각이 든다. 글쓰기, 보건교사에게 절실히 필요한 영역이지만 글쓰기를 꼭 해야 한다고 인지하는 보건교사가 많지 않다. 왜냐하면 보건 업무는 글쓰기 영역과는 연관이 없는 것처럼 보여 그저, 다치거나 아픈 아이들에게 처치하고 응급 대응, 감염병 대응만 잘하면 된다고 생각할 수 있기 때문이다. 〈전학공〉 신청은 오늘 오후 3시까지 마감이라고 하는데, 사실, 얼마나 신청할지 미지수이다. 의식이 먼저 있어야 열정도 결과물도 따라오는 것인데, 보건교사로서 글쓰기의 가치를 잘 모른다면 신청을 하지 않을 것이다. 안타까운 일이다. 보건교사가 많이 신청해서 공저 쓰기 도전

을 통해서 보건교사들의 부족한 부분이라고 할 수 있는 글쓰기 역
량을 키워갈 수 있길 바랐다.

"부장님 결재 하나 부탁드려요"
"재민 부장님^^ 결재해 주세요~"

나는 이 2가지 메시지 글을 써놓고 10분 이상 고민했다. 생활 인
권부 소속인 나는 생활 인권부장이 공문 접수결재를 먼저 해야지
공문 처리를 할 수 있다. 그래도 급하지 않으면 부장이 공문 접수
를 하고 나에게 내려보낼 때까지 그냥 기다렸다. 급하게 자료 집
계 보고해야 하는 것은 공문부터 처리하지 않아도 가능하기에 크
게 문제 되지 않는다. 안 그래도 바쁠 것 같은 위치에 있는 부장 교
사인데, 보건교사까지 번거롭고 바쁘게 하고 싶지 않았다. 공문 접
수는 요즘은 시스템이 좋아져서 부장이 결재하지 않아도 공문 확
인은 된다. 그래서 자료 집계 보고가 있는 공문은 접수하기 전에
먼저 보고한다. 보고 날짜가 있기에 부장 공문 결재를 기다릴 수
는 없다. 그런데, 당장 부장이 결재해야 일이 있을 때도 있다. 외부
강사 초빙해서 점심시간 지나고 5교시까지 학생 교육을 할 때가
있었다. 점심시간 1시간인데, 밖에 나갔다가 식사하고 오면 제대

로 한숨 돌리지도 못할 것 같아, 영양사에게 외부 강사가 학교 급식을 좀 먹어도 되겠냐고 질문했었다. 영양사는 원래는 그렇게 하면 안 되는데, 조용히 드시게 하라고 대답해 주었다. 외부 강사도 학생들 강의를 위해서 그런 것이니, 학교에서 다소 융통성을 부려도 된다고 나는 생각한다. 그런데, 행정실 담당자가 연락이 왔다. 외부인은 수익자 부담으로 급식비를 내야 한다는 것이었다. 그래서 할 수 없이 나는 내부 결재를 급하게 올렸었다. 그 건으로 부장에게 결재요청을 했는데, 그 결제요청 메시지를 쓰며 고민하면서 시간을 보냈다.

학교 내 간단한 메시지 글이지만 보건교사는 고민한다. 나뿐만 아니라 대부분 보건교사가 메시지 글조차 여러 번 고민하고 써서 보낸다. 글쓰기가 만만하지 않은 것이다. 사실, 단어 하나가 있거나 없는 것에 따라서 그 메시지를 받는 사람이 느끼는 글의 온도는 달라진다. 명령하듯이 들릴 수도 있고 아니면 너무 차갑게도 들릴 수도 있다. 글쓰기로 인해 오해가 충분히 생길 수도 있기에 아무리 짧은 메시지 글이라도 신중해지기 마련이다. 보건교사 경력이 아무리 많아도 이 부분에 있어서는 변화가 없다. 메시지 글 하나 보내는데, 오전 내내 시간을 낭비했던 기억도 있을 것이다. 메시지 글쓰기가 이렇게 부담이 된다면, 그만큼 다른 보건 업무를 할 시간을 뺏기게 되는 것이다. 보건교사, 안 그래도 업무 중 수시로 보건실을 드나드는 아이들로 지치는데, 차라리 메시지 글, 후딱 쓰고 잠시 휴식을 취하는 것이 좋다. 장기적으로 봤을 때, 학교를 위해서나 보건교사 개인을 위해서나 글쓰기는 이제, 피할 수 없는 보건교사의 숙명이라고 말할 수 있다.

보건교사가 글쓰기 역량을 꼭 키워야 하는 이유가 있다. 그것은 바로 원활한 감염병 대응 때문이다. 3년 이상 기승을 부렸던 코로나19의 팬데믹 상황을 다시 회상해 보자. 코로나19 상황에서 사람들은 마스크를 쓰고 다녔다. 팬데믹 초창기에는 약국에서 방역 마스크를 사기 위해서 줄을 섰었고 요일을 정해서 주민등록 번호 뒷자리를 제시하고 마스크를 구매했었다. 그리고 호흡기 감염이다 보니, 대부분 만남을 자제했다. 학교처럼 밀집해 있는 곳에서도 최대한 대면 만남을 하지 않기 위해 온라인으로 수업했다. 격주로 학교에 나오기도 했었고 그러다가 확진자가 발생하면 전면 온라인 수업으로 전환하여 운영하기도 했다. 감염병 상황에서는 사람을 만날 수가 없는 것이다. 그렇다고 보건교사가 보건 업무를 안 할 수는 없다. 각종 교직원 연수도 해야 하고 학생들 보건교육도 실시해야 했다. 그리고 연초에 하는 요양호자 건강조사 및 기타 여러 가지 업무들을 해야 했는데, 그런 일들을 어떻게 할 수 있겠는가? 바로 얼굴을 볼 수 없으니, 말 대신 글로 소통해야 했다. 아쉬우면 아쉬운 대로 어설프고 자연스럽지 않지만 글로 소통하며 그 시기를 어렵게 넘겼다.

　문제는 글쓰기가 시간이 지날수록 쉽지 않다는 것이었다. 글쓰기가 만만하지 않으니, 자신의 의도와 상관없이 오해를 일으킬 글을 쓰는 때도 있다. 이럴 때는 정말 모든 것이 내려앉을 수가 있다. 말실수와 달리 글 실수는 글이기 때문에 사라지지 않고 영원히 그대로 남는다. 언제든 찾아보고 때론 그것이 내 발목을 잡는 자료가 될 수도 있다. 코로나19 시기에 반 아이들 예방 접종률을 조사해달라고 담임교사에게 메시지를 보냈던 적이 있었다. 이 글에 항의했던 교사가 있었다. "담임교사가 얼마나 바쁜 줄 아세요? 이런 것을 꼭 해야 하나요? 가만히 앉아서 요청만 하는데, 우리가 그렇게 한가한 사람인 줄 아세요?"라는 의미로 격한 단어를 넣은 메시지를 보내왔다. 그리고 5분 뒤에 다시 메시지를 보냈다. " 상처를 줘서 미안하다. 그래도 우리가 너무 바쁘다는 것을 이해해달라."였다. 나는 깜짝 놀랐다. 이런 메시지를 어떻게 보낼 수가 있는가? 교사가 아니라 한 인간으로서 그 교사의 인격을 나는 의심했었다. 얼마나 바쁘고 정신없으면 그런 메시지를 보냈을까? 한편으로 이해하지만, 한편으로 교사이기 때문에 더욱 그런 폭력과 같은 글은 쓰지 말았어야 했다. 그 글은 학교 내 메신저 시스템에 그대로 남아 있다. 2년이 지나고 3년이 지나도 사라지지 않는다. 그래서 글쓰기에 신중할 수밖에 없다. 관리자일 경우에도 평교사가 글로 어떤 제안을 해왔을 때는 신중하고 진지한 답변을 보낼 수밖에 없다. 그래서 보건교사는 어떤 업무 관련 제안을 할 때에도 가급적 글로 하는 것이 도움이 된다고 할 수 있다.

비대면의 시대, 보건교사에게 글쓰기 역량이 필요하다. 보건교사의 핵심 업무가 감염병 관리로 전환되었다고 볼 수 있다. 세계화의 이 시대에 감염병은 언제든 다시 도래하여 코로나19의 악몽이 재현될 수 있다. 코로나19 당시, 보건교사는 대면 없이 그저 글로써 소통하며 보건 업무를 했었다. 글쓰기가 유일한 소통 수단이었고, 글쓰기가 만만하지 않아서 어려움을 많이 느꼈었다. 감염병의 시기적절한 대응을 위해서 보건교사는 많은 글들을 써야 하는데, 글쓰기가 어려워지면 가급적 글을 적게 쓰려할 것이다. 이것이 소통을 원활하게 하지 못하는 원인이 되어 감염병 관리와 대응에 부정적인 영향을 미칠 수 있다. 평상시 글쓰기 역량을 키워서 비대면의 소통 수단인 글쓰기가 조금은 더 편해질 수 있도록 에너지를 모아보아야 하지 않을까? 생각해 본다. 그리고 각종 질병 예방이나 기타 여러 예방 교육에 있어서 메시지 글쓰기를 활용하면 주기적이고 반복적으로 교육이 가능하여 여러모로 효과적이다. 보건교사가 하는 업무 중에서 예방 교육의 영역이 작지 않은 만큼, 원활한 글쓰기 능력으로 조금 더 편하게 보건 업무를 할 수 있길 바란다. 보건교사 업무와 글쓰기 능력, 어쩌면 관계가 없어 보이지만, 코로나19 같은 감염병의 출현을 통해서 그 깊은 연관성을 제대로 체험했다. 이제, 보건교사라면 누구나 글쓰기 역량을 키워야 함을 받아들이고 글쓰기 실력 향상에 마음의 문을 열어보시길 권한다.

곤란한 상황일수록 글로 쓰라

4년의 휴직 기간을 끝내고 복직했을 때였다. 복직하고 보니, 엄청난 코로나19 팬데믹 상황이었고 나는 몹시도 당황스러웠다. 안 그래도 4년 만의 복직이라 보건의 기본 업무를 파악하는 것도 쉽지 않았는데, 코로나19 대응 업무까지 해야 해서 몹시 혼란스러웠다. 한참 코로나19가 기승을 부리던 시기였기에 마음이 더욱 복잡했다. 어쩔 수 없이 내린 결정은 우선순위를 정해서 보건 업무를 하자는 것이었다. 일이 너무 많다고 생각한다면 우선순위를 정하는 것이 제일이다. 그래서 나는 가장 중요하고 심각한 부분인 코로나19 감염병 대응과 관리에 모든 에너지를 투입했다. 공문을 공부하듯이 매일 들고 다니면서 읽었다. 그리고 매일 확진자 확인을 위해 자가 진단 앱 입력을 독려했고 확진자 발생했을 때는 보건소에서 나온 검역직원들을 도와 확진자와 접촉자를 분류하고 격리했었다. 예방 교육 시행, 방역물품 구매 및 보관하고 기타, 여러 가지 일들을 숨돌릴 틈 없이 해나갔다. 이렇게 바쁜 와중에 정서 행동 1차 검사가 보건 업무로 되어 있다는 것을 알게 되었다. 상담교사도 있는데, 업무 분장이 잘못되었다는 생각이 들었다. 그전 보건교사가 얼마나 힘들었을까? 하는 생각이 들었다. 코로나19 대응하기도 정신없고 바쁜 상황이었을 텐데, 상담교사가 있음에도 불구하고 정서 행동 검사를 했으니 기간제 보건교사는 얼마나 외롭고 좌절감을 느꼈을까? 하는 생각이 물밀듯이 느껴져 마음이 아팠다.

불합리하다고 생각하는 업무는 조용히 글로 쓰면 된다. 기존에 오랫동안 해왔던 관행으로 인해 변화 없이 하는 업무들이 있다. 시간이 지나면서 상황들이 바뀌기에 업무는 시대에 맞춰서 조정되어야 한다. 정서 행동 검사 같은 경우 상담교사가 없을 때는 학교에서 가장 관련이 있다고 여긴 보건교사가 그 일을 해왔다. 그러던 중에 상담교사가 각 학교에 많이 배치되었다. 그런데도 정서 행동 검사의 일부를 여전히 보건교사에게 맡긴다면 합리적이지 않은 판단이라고 여긴다. 정서적인 문제가 있는 학생들을 면

밀하고 철저하게 관리하게 하기 위해서라도 대거 고용한 전문 상담교사에게 검사를 맡기는 것이 맞는 것이다. 상담교사는 그런 일을 하기 위해 학교에 배치되었기에 이것에 대해서 반대하는 상담교사가 있다면, 상담교사의 일을 다른 사람에게 맡기는 것이나 마찬가지라는 생각이다. 정서검사를 1차, 2차로 구분해서 1차는 보건교사가 해야 한다고 주장하는 상담교사도 있는데, 1차나 2차나 다 같은 정서검사라서 굳이 그렇게 구분할 이유가 없다. 무엇을 위한 구분인지 곰곰이 생각해야 한다. 한마디로 1차 검사 업무를 보건교사에게 주기 위한 의도성이 느껴진다. 한마디로 보건교사가 1차 검사를 담당해야 한다는 근거가 약하다. 이 검사 자체를 만든 사람이 보건 장학사라고 해서 보건교사가 1차를 해야 한다고도 주장하기도 하는데, 합당하지 않다. 누가 일을 만들었던, 학교에서는 일의 성격상 가장 적합한 교사가 그 일을 맡는 것은 당연하다. 업무를 만든 사람에 의해 업무 할 사람이 정해지는 것이 아니다. 그 업무에 합당한 사람이 그 업무를 해야 한다는 것이다. 보건교사는 전교생을 대상으로 각종 검사가 많다. 그래서 검사가 많아 바쁘고 힘드니 상담교사에게 한 가지 검사를 맡아 달라고 부탁한다면, 수락하겠는가? 그것을 생각한다면 1차 정서검사를 누가 해야 할지 명확해진다. 정서 행동 검사는 전교생 검사도 아니고 1

개 학년 검사이다. 보건교사가 하는 검사는 1, 2, 3학년 전교생을 대상으로 하는 경우가 대부분이다. 그런 검사가 여러 가지이다. 오히려 상담교사가 보건교사를 좀 도와주어야 할 현실이다. 그래서 나는 이런 내용을 조용히 관리자에게 글로 써서 보냈다. 관리자는 충분히 공감했고, 학생 정서 관리를 위한 정서검사를 1차, 2차 구분 없이 정서검사로 표기해서 상담교사의 일로 업무 조정했다.

보건 일을 하다 보면 주변에 일하는 사람이 해마다 바뀌니, 황당한 경우도 간혹 있다. 한참 수능 검사로 학교가 어수선한 상황이었을 때이다. 내가 있는 고등학교는 특수학생들이 수능시험 보는 장소이다. 그래서 그런지 수능시험을 보는 학생의 수가 20명이 채 안 된다. 그래도 준비는 똑같이 해야 하고 동원되는 교사들도 전 교직원들이 다 투입된다. 보건교사 역시, 꼭 있어야 할 요원이다. 만약, 시험 보다가 건강상 문제가 생긴다면 응급처치해야 하고 심할 때는 학교 응급 매뉴얼에 따라서 병원으로 후송을 보내야 한다. 그 전문적인 판단을 위해 보건교사는 꼭 있어야 할 중요한 인원이다. 코로나19 감염병 상황 시에는 2명의 보건교사가 수능이 끝날 때까지 상주했었다. 열이 나거나 기타 여러 감염병 증상이 있을 수 있는 학생들을 위해 특별실을 하나 더 준비해서 만약,

열나는 아이들이 있다면 그곳에서 수능시험을 보도록 했다. 그래서 열나는 학생 담당 보건교사와 일반실에서 시험 보는 학생 담당인 보건교사, 이렇게 2명이 필요했다. 지금은 코로나19 상황도 끝났으니, 2명까지는 배치되지 않는다. 그런데, 교무부장이 보건실로 와서 환자 후송 차량 번호는 보건교사 차량 번호로 체크리스트에 체크해 두겠다고 말했다. 그전에는 그렇게 요청한 경우가 없어서 당황스러웠고 그것이 아님을 말해야 했으나, 갑작스러운 요청이라 제대로 이야기를 못 했다. "아! 그건 아닌 것 같아요."라고 대략적으로만 말했다. 교무부장이 나간 후 나는 학교 응급 매뉴얼을 다시 찾아보았다. 역시나, 보건교사는 후송 담당자가 될 수가 없었다. 보건교사는 처치 담당자이지 후송 담당자가 아니다. 너무나 기본적이고 상식적인 사항이라 나도 당황스러워 교무부장에게 보건교사의 차량을 후송 차량으로 할 수 없는 이유를 시원스럽게 설명하지 못해서 아쉬웠다.

보건교사는 후송 담당자가 아니라 응급처치 담당자이다. 이런 내용을 메신저 글을 써서 관리자와 교무부장에게 동시에 공유했다. 때론 너무나 기본적인 내용을 우린 잊고 살 수 있다. 더군다나 평상시 잘 모르고 잘 인지하지 못했던 일이라면 더욱 헷갈릴 수가 있다. 그래서 그 분야의 전문가가 필요한 것이다. 어떤 큰일을 할 때는 전문가의 조언이 그래서 요구된다고 본다. 나 자신도 개인적인 결정을 내릴 때는 전문가라고 생각하는 사람, 먼저 그 일을 했던 사람, 혹은 연륜이 있는 사람에게 질문해서 답을 듣고 나서 결정하는 편이다. 그런 경우, 내가 미처 생각해 보지 못한 부분에 대한 정보를 얻는 경우가 많아서 현명한 판단을 내릴 가능성이 커진다. 학교 일도 마찬가지이다. 관리자라고 해서 모든 일을 다 잘 기억하고 자세히 아는 것은 아니다. 교사가 관리자가 되는 것이다. 특히, 관리자로서의 경험이 적은 시기에는 특히 학교 전문가라고 할 수 있는 교직원들의 의견을 최대한 듣고 판단하는 것이 가장 현명하지 않을까 생각해 본다. 보건 관련 사항에 대해서는 일반교사일 경우, 특히 들어도 이해가 잘 안되고 금방 잊어버리기도 할 수 있는 내용일 것이다. 그래서 나는 보건교사를 후송 담당 차량 운행자로 지정하는 것에 대해서 학교의 응급 관리 매뉴얼과 함께 제안 글을 보냈다. 보건교사는 예방 교육담당자이기도 하지만, 학교 건강관리를 위해 교직원들의 잘못된 건강관리법에 관한 인식을 바꾸기 위해서도 노력해야 한다고 본다. 결국 이런 노력이 건강한 학교를 이루고 학생들의 건강을 지키게 할 것이다.

　어떤 비합리적인 상황이나 곤란한 상황일 때, 말하기보다는 글

쓰는 것이 효과적이다. 그 이유는 여러 가지가 있겠지만, 몇 가지 이유를 들자면 아래와 같이 정리할 수 있다.

첫째, 글을 쓰면, 불쾌한 감정을 스스로 다스리고 타인에게 핵심 내용을 전달할 수 있다.

업무 중에 불합리하다고 생각하는 일을 당하면 화부터 나는 것이 인간의 심리이다. 대부분 사람이 그렇게 감정적으로 격해진다. 그런 상태에서 상대방을 찾아가면 안 된다. 그런 경우는 직장에서뿐만 아니라 인간관계를 하는 모든 상황에 적용된다. 조용히 감정을 내려놓고 글을 쓰면 오히려 더 이성적으로 되어 합리적으로 대처할 수가 있다. 그렇게 글로 자신의 마음을 전달하면 상대편도 미처 생각하지 못한 부분을 생각한다. 이것이 오히려 내가 원하는 방향, 좀 더 합리적이며 서로 간에 도움 되는 방향으로 상황을 바꿀 수가 있다.

둘째, 상호 진지하고 신중한 소통을 하게 된다.

보건교사로서 관리자에게 어떤 의견을 제안하기는 쉽지 않다. 특히, 의료전문인으로서 이것은 아닌 것 같다는 그런 내용일 경우, 그냥 방관해서는 안 된다는 생각은 들지만 직접 표현할 용기가 부족할 때도 있다. 그럴 때, 글을 쓰는 것이다. 글로 써서 관리자에게 보내면, 진지하게 관리자도 받아들일지 모른다. 그것이 오히려 조금 더 긍정적인 결정을 관리자가 내리는 데 도움이 되게 할 수가 있다. 진지하게 다시 생각하고 신중한 결정을 내리는데 글이 결정적인 역할을 할 수가 있다는 것이다.

셋째, 상황 종료 후에도 한 번 더 확인하고 업무에 참고하게 된다.

글은 남는다. 어떤 글이라도 우린 다시 그 글을 찾아볼 수 있다. 그 상황에서 미처 제대로 처신하지 못한 일들도 글을 통해서 다시 한번 반성할 수가 있다. 그래서 글은 좋다. 그래서 어떤 상황도 글로 서로 소통하면 좋다고 말하고 싶다. 글이기에 좀 더 신중해진다. 글이기 때문에 언제든 다시 찾아서 자료로 활용할 수 있다.

학교에서 곤란한 상황일수록 글로 써서 보건 업무를 지혜롭게 해야겠다. 보건 업무하다 보면 정말 다양한 불편한 상황에 직면하게 된다. 황당한 일부터 정말 감동적인 일까지 다양한 경험을 하게 되는데, 이 모든 일이 결국, 우리를 강하게 하고 성장하게 한다. 곤란한 상황, 정말 화나는 상황일 경우, 지혜롭게 잘 넘겨야 하는데, 그럴 때, 글쓰기가 도움이 된다. 학교의 유일한 의료인이기에 보건 업무를 잘 모르는 교사들의 일방적인 요구를 받을 때가 있다. 일반교사나 관리자 모두 일방적인 입장과 요구를 할 수가 있다. 왜냐하면 보건 업무는 의료인이 하는 업무인지라 비의료인이 미처 생각하지 못하고 잘 모르는 부분이 있기 때문이다. 무리하게 보건교사에게 요구하는 것은 학교 차원에서 지양해야 한다. 학교 의료상의 부분을 상의한다는 측면으로 대화를 시작해야 결국, 학교 전체의 건강에 유리하다. 예를 들어서 보건교사에게 비담임을 맡아달라고 하는 경우는 보건교사 존재 이유를 제대로 알지 못하는 무리한 요구이다. 어떤 보건교사는 비담임 업무에 대해서 이렇게 말했다. "보건교사에게 비담임을 하라는 것은 2반을 동시에 맡으라는 것과 같다."라고 했다. 맞는 말이다. 비담임으로서 한 반에 들어가서 학생들 보는 사이에 응급 상황이 발생한다면 즉각적인 대응에 차질이 생길 수 있다. 주위에 있던 일반교사가 그 상황을 제대로 처리한다면 다행이지만 그럴 가능성이 작다. 결국, 비담임 역할을 하던 보건교사가 응급 상황을 급히 처리해야 한다. 일부 학생을 돌보려다가 응급처치를 놓친다면, 그 일처럼 큰 손실은 없을 것이다. 그러니 보건교사는 비담임을 맡으면 안 된다고 판단이 된다. 피치 못할 사정이 있다면 고려의 대상이 될 수는 있겠지만, 작은 일 때문에 큰일을 놓칠 수 있음을 염두에 두고 지혜롭게 판단해야겠다. 보건교사는 곤란한 상황일수록 인내하며 전문적인 소신을 글로 담담히 표현해야 한다. 글을 쓰고 소통할 때, 상대방도 오히려 진지해지고 머리를 모아 합리적인 판단과 대응을 하게 된다. 보건교사, 상황이 곤란할수록 글로 소통해야 한다는 사실, 마음에 항상 담아 두시고 조금씩 글쓰기를 위한 노력에 도전해 보시길 바란다.

신뢰감을 얻는 방법은
바로 글쓰기 능력이다

나는 4년 만에 복직하면서 코로나 팬데믹에 대응해야 할 상황에 봉착했었다. 그때, 앞이 캄캄했다. 어디서 어떻게 해야 할지? 막막했다. 복직하니 업무 환경이 많이 바뀌었다. 모든 시스템이 온라인으로 대체된 느낌, 얼굴을 보지 않고도 학교가 운영될 수 있는 시스템을 갖추었다. 얼굴 보는 대면을 자제해야 하는 감염병 상황 때문에 변화된 환경이었다. 복직하는 교사에게는 대면 업무도 쉽지 않을 텐데, 비대면으로 일을 해야 할 상황이니 더 적응이 힘들었다. 다른 교사가 없고 혼자 있는 보건실, 나는 메신저 시스템을 이용해서 안내 메시지 하나 보내는 일도 2박 3일의 시간이 소요되었다. 어떡하든지 필요한 것은 혼자서 연구하면서 해결할 수는 있다. 하지만, 시간이 오래 걸렸다. 시간의 한계 속에서 살기 때문에 뭔가 하나가 잘 풀리지 않으면 그것을 해결하기 위해 다른 업무를 그만큼 못하게 된다. 이런 상황에서 그래도 나를 도와주던 교사가 있었다. 생활 인권부장이었다. 그 교사는 출근 첫날부터 필요한 것들을 알뜰살뜰 챙겨주었다. 말 한마디에도 감사하게 느껴질 정도로 외롭고 막막했던 시기였는데, 필요한 것들을 부탁했을 때, 자기 일처럼 나서서 도움을 주었다. 나는 그 교사에게 감사했고 신뢰감을 가지게 되었다.

정서 행동 검사 1차 검사는 상담교사의 업무로 이관되었다. 여러 사람의 협조가 있었는데, 특히, 생활 인권부장의 도움이 컸다. 내가 이 학교에 복직하기 전까지 정서 행동 검사 1차 검사를 보건교사가 시행하고 있었고, 교육청 검사 통계 보고까지 보건교사가 하고 있었던 것을 알게 되고 솔직히 몹시 당황스러웠다. 상담교사가 있었음에도 어떻게 이렇게 정서 행동 검사와 통계 보고를 상담교사가 아닌 보건교사가 했는지 의아했다. '학교가 너무 무심하지 않았나?' 하는 생각까지 들었다. 그래서 그 부분에 대해 가장 먼저 업무 조정 제안을 했었다. 그럴 때, 생활 인권부장 교사는 내가 말을 할 수 있는 자리를 여러 차례 만들어주었다. 상담교사, 상담교사가 소속된 진로부서의 부장, 교감, 생활 인권부장과 나, 여러 명이 세 번 이상 모여서 정서 행동 검사 업무에 관해서 심도 있게 이야기를 나누었다. 복직하자마자 할 일도 많았고 정신없었지만, 나는 정서검사에 대해서는 부드러우면서도 강하게 의지를 굽히지 않고 시종일관 같은 모습, 같은 주장을 보였다. 그렇게 해서 결국, 정서 행동 검사는 상담교사의 업무로 재배정이 되었다. 학생부장이 자리를 마련해주지 않았다면, 흐지부지되지 않았을까? 하는 생각도 해본다. 안 하던 일을 맡기는 쉽지 않을 것이다. 그래도 상담교사가 마지막에는 정서 행동 검사 업무를 자기 일로 수용해 주어서 다행이란 생각도 들었다. 그 이후 학생부장을 자세히 관찰하니 스스로 판단해서 소신 있게 움직이는 사람이었다. 교내 메신저를 통해서 학생부장이 보내는 글 자체도 감동적인 부분이 많았다. 상대의 마음을 배려하면서 자신의 의견을 조심스럽게 제시하는 글솜씨에 또 한 번 신뢰감을 가지게 되었다. 그 이후 나는 어떤 일이라도 학생부장을 믿고 부장이 하는 일들은 마음으로라도 응원하였다. 신뢰감은 정말 중요한 부분이란 생각이 든다.

내가 필리핀 세부살이를 할 때, 옆집에 한국 엄마 에이미가 있었다. 내가 가기 전부터 아들과 함께 그곳 빌리지에서 살고 있었다. 에이미는 여러모로 배울 점이 많은 사람이었다. 사실, 내가 세부의 골드마인 빌리지를 가기 전까지는 전혀 알지 못했던 사람이었다. 우연히 아는 사람을 통해서 알게 되었는데, 그 지인의 지인 동생이 에이미였었다. 멀리 아는 사람을 통해서 한국에서 필리핀 빌리지 집을 계약할 수 있었고, 야밤 늦은 비행기를 타고 그 숙소에 들어갔다. 숙소에 들어갈 때도 에이미가 미리 관리인으로부터 열쇠를 받아서 우리가 도착했을 때인 새벽에 깨어있다가 열쇠를 건네주었다. 새벽에 그렇게 무난히 계약한 집안에 들어갈 수 있었다. 야밤에 전혀 알지 못하는 사람을 위해 그렇게까지 하는 것도 쉬운 일은 아니다. 이것뿐만 아니라 가까이 살면서 에이미로부터 여러모로 도움을 많이 받았다. 한국에서 일상처럼 하던 일들이 타지인 세부에서는 하나에서 열까지 쉬운 것이 하나 없었다. 아이들을 초등학교에 입학시키는 것부터, 교복이나 기타 학교의 준비물을 챙기는 것, 월세를 내는 것, 장 보러 가는 것, 기타 여러모로 어려웠는데, 에이미와 함께 다니면서 하나하나 처리할 수 있게 되었다. 학교 준비물들은 여러 곳을 돌아다녀야 겨우 구매할 수 있을 때가 많았었는데, 에이미는 자신이 살 때, 나에게도 구매하겠느냐고 질문해서 함께 사주기도 했었다. 아이들에 관련된 일이니 더욱 고마움을 느꼈었다.

에이미는 내가 책을 쓰는 사람이란 것을 알고 있었던 것 같다. 낯선 땅에서는 사람이 가장 무섭다고 생각한다. 나 또한 필리핀 세부에 있으면서 사람을 가장 조심했다. 잘못하면 건강은 물론이거니와 가장 소중한 생명 유지와도 연관된다. 항상 우리가 조심해야 한다. 한국도 마찬가지로 조심해야 하지만 특히, 외국은 더욱 주의해야 하는 상황이니, 일단, 책을 쓴 사람에게는 어느 정도 안심을 할 수가 있었을 것이다. 그 사람에 대해서 자세히는 모르겠지만, 그래도 책 읽기를 좋아하고 글 쓰고 책도 쓰니, 일단은 그렇게 나쁜 사람이라고는 생각하지 않는다. 어쩌면 그 판단도 어느 정도 맞는 것이라고 본다. 책과 가까이한다는 자체는 자기중심적인 사고로 살기보다는 다른 사람의 의견을 듣고 자신을 반추하는 삶을 살고 있다는 증거일 수 있다. 그래서 책 읽고 글 쓰고 책 쓰는 사람이라면 성격의 차이는 있을 수 있겠지만, 그렇게 악하지는 않을 것이란 믿음을 가지게 된다. 내가 책을 쓰고 필리핀 세부를 가게 되어서 그런 면에서 어쩌면 신뢰감을 얻었고 그로 인해, 생각지도 못한 도움을 많이 받았다고 생각해 본다.

글 쓰는 사람은 타인으로부터 신뢰감을 얻을 수 있다. 나름의 이유가 있겠지만 글과 가까이하는 사람들에게 신뢰감이 생기는 이유를 추측해 보면, 다음과 같은 면이 글을 쓰는 사람에게는 있기 때문이지 않을까 생각해 본다.

첫째, 남들보다 조금은 앞서가는 사고방식을 가졌다.

글을 자주 쓰는 사람에게는 왠지 모를 앞서가는 사람이란 이미지가 있다. 실제 그렇다. 글을 쓰면 모든 것들이 더 깊이 들어가 생각한다. 그래서 사고방식도 달라진다. 비대면의 시대이기 때문에 글로 소통해야 할 일이 앞으로는 더 많아질 것이다. 그런 것을 예측하고, 말보다는 글로 소통하면서 글쓰기 능력을 키워나간다. 사실 글을 매일 쓰다 보면 자신만의 노하우가 생긴다. 그것이 바로 글을 더 편하고 더 잘 쓰는 비법이 되는 것이다.

둘째, 성실하다.

글로 자신의 의견을 꼼꼼하게 표현하는 사람은 특유의 성실함이 있다. 성실하지 않다면 그냥 전화해서 자신의 궁금점을 풀고 자신의 의견을 전달하려 할 것이다. 하지만 글을 쓰는 사람은 그렇게 하지 않는다. 꾸준하면서 은근한 성향이 몸에 배어 있다. 그것이 바로 성실하다는 이미지로 비치기 때문에 더욱 믿음성이 간다.

셋째, 끈기와 인내심을 소유하고 있다.

글은 일단, 즉각적인 반응이 오는 방법은 아니다. 그런데도 글을 자주 쓰면서 은근하게 자기 의사를 전달하는 사람은 끈기와 인내심이 기본적으로 있는 사람이다. 아주 급하지 않으면 절대 먼저 전화해서 그 사람의 시간을 뺏지 않는다. 그 사람의 여유시간이 될 때, 내 이야기를 들어달라고 글을 써서 메시지로 보내놓는다. 글을 읽는 사람은 왠지 배려받았다는 기분이 든다. 그래서 말보다는 글로 소통하는 사람에게 무한 신뢰감이 생긴다.

넷째, 동기부여를 한다.

글 쓰는 사람은 생각을 깊이 하게 된다. 그렇기에 옆에 있는 사람이 그 사람을 보면서 배울 점이 많다고 느끼고 실제, 깊이 생각하며 행동해야 한다는 점을 배운다. 그 사람의 한마디 한마디가 한 번 더 생각하게끔 한다. 특히, 그 사람이 표현한 글은 특별히 더 의미를 생각하게 하고 여운이 느껴진다. 그래서 나도 최소한 저 사람처럼 글을 써봐야겠다고 동기부여 받을 수 있다. 글쓰기는 우리가 어떤 일을 하든지 소통의 수단이 되는 것으로서 글쓰기 능력을 계발하기 위해 노력해야 한다고 본다.

일단, 글을 쓰고 글쓰기를 즐긴다면 주변으로부터 믿음과 신뢰감을 얻는다. 글을 잘 쓰기 위해서는 내 글을 읽는 사람에 대한 이해와 배려가 있어야 한다. 투박하더라도 이런 마음으로 글을 쓰면 글은 부드럽고 공감 있는 글이 된다. 보건교사로서 업무 관련 협조 메시지를 보낼 때도 그 글을 읽는 일반교사들의 부담감을 항상 먼저 알고 있어야 한다. 누군가는 메시지를 보낼 때, "전체 메시지 죄송합니다."란 문장부터 쓴다. 나는 처음에 '굳이 이렇게까지 쓸 필요가 있을까?' 생각했었다. 하지만, 그것이 글쓴이의 마음을 알 수 있는 것이라 크게 나쁘지 않다고 지금은 생각한다. 보건교사는 거의 부장급 수준으로 자주 메시지 글을 보내게 된다. 학교 건강 관리를 위해서 당연한 일이다. 하지만 일반교사인 경우, 그 메시지가 또 다른 하나의 일거리로 여겨질 수 있다. 일반교사는 메시지를 그런 마음으로 열고 읽기 때문에 첫 말을 죄송하다는 문구를 보면 조금 위로받는 듯한 느낌을 받아 마음이 풀어진다. 그래서 보건교사는 업무협조 메시지를 보낼 때 교사들이 부담을 덜 느낄 수 있도록 그 마음을 어루만지면서 메시지를 보낼 수 있도록 해야 겠다. 그렇게 하면, 교사들은 마음이 풀어질 뿐 아니라, 그들에게 보건교사에 대한 신뢰감을 쌓을 수 있다. 보건교사는 어미 하나를 어떻게 했느냐에 따라서 읽는 사람은 마음이 천지 차이라는 것도 인지하고 글쓰기 능력을 조금 더 갖출 수 있도록 평상시 꾸준히 노력해 보아야겠다. 학교의 건강관리를 위해 신뢰감 있는 보건교사가 된다면 학교는 더욱 건강해지고 행복해질 것이다.

글쓰기 성장을 위해
책 쓰기에 도전해 보자

안녕하세요.

N 보건교사입니다.

이번에 "글쓰기 능력향상을 위해 공저 쓰기 도전!!"이란

주제로 〈전학공〉을 운영하게 되었습니다.

많은 신청 바랍니다.

보건교사에게 글쓰기 역량이 필요한 이유

1. 요즘 감염병 관리와 대응이 보건교사의 핵심 업무 중의 하나

임

2. 감염병은 언제 어느 때, 수시로 찾아올 수 있음.

3. 감염병 상황은 비대면 상황, 소통의 수단이 글쓰기임.

4. 글쓰기가 편하면 만만하게 글 쓰고 소통할 수 있음

5. 평상시 보건교사는 학교 내 메시지 글을 많이 씀

6. 원활한 소통, 오해 없는 소통을 위해 글쓰기가 편해져야 함

7. 글쓰기를 통해서 보건 업무가 원활해지고 여유롭고 행복한

보건교사가 됨.

글쓰기도 배우고 익히면 잘 쓸 수 있다는 것을

제가 책을 쓰면서 알게 되었습니다.

글쓰기의 가장 확실한 방법은 책 쓰기 도전이고

그래서 저의 책 쓰기 경험과 노하우를 공유하고자 합니다.

자판 필사와 인스타그램에 감상 글쓰기로

공저 쓰기 진행할 것이고

이런 과정 자체가 글쓰기 능력향상에

긍정적인 영향을 줄 것이라고

말하고 싶습니다.

주로 온라인 만남으로 진행할 예정입니다.

공저 쓰기 "전학공"에 관심 가져 주시고

많이 신청해 주세요.

위의 글은 보건교사 공저 쓰기 〈전학공〉 회원모집을 위해 쓴 글이다. 이런 모집 글은 처음이지만, 소신있게 보건교사의 공저 쓰기 〈전학공〉의 취지를 알렸다고 본다. 〈전학공〉모임을 통해서 보건교사가 서로 성장하고 힐링하기 위한 목적으로 1년 동안 모임을 가질 예정이다. 올해 8팀으로 구성되었고, 그중의 한 팀이 내가 제안한 팀이다. 구체적인 제목은 "글쓰기 능력향상을 위한 보건교사 공저 쓰기"이다. 공저 쓰기 시작한 이유는 안내 글에서도 잘 나타나듯이 보건 업무를 하기 위해서 이제는 보건교사도 글쓰기 능력을 갖추어야 한다는 강한 필요성에 의해서이다. 나는 보건교사이면서 책을 쓰고 있다. 처음에는 책 1권 출간을 목적으로 썼지만, 써보니, 보건 업무 수행하는데도 글쓰기가 탁월한 효과를 일으킨다는 사실을 깨닫고 주변 보건교사에게도 알리고자 나서게 되었다.

4년 만에 복직 후, 나의 빠른 적응이 가능했던 이유는 바로 글쓰기 때문이었다. 글을 꾸준히 쓰면서 글쓰기의 놀라운 효과를 깨달았다. 오랫동안 근무를 서지 않다가 복직해서 맡은 역할을 무난히 해나가기는 쉽지 않다. 더군다나 학교 건강을 책임지는 보건교사인 경우, 학교에 혼자이면서 그 책임이 막중하다. 보건 업무라는 것이 정말 혼자서는 할 수 없는 일이고, 전체 교직원이 합심으로 학교 건강을 지켜나가야 했기에 보건교사는 학교 건강 유지를 위한 동기부여의 역할을 잘해야 한다. 건강에 꾸준하게 관심을 가지며 서로 협조하는 분위기를 만드는데, 보건교사의 글쓰기 능력이 강력한 수단이 되었다. 만약 내가 글쓰기를 불편하게 생각하고 글쓰기가 만만하지 않았다면 글쓰기로 소통하고 교직원들을 움직이게 하는 일이 쉽지 않았을 것이다. 다행스럽게도 나는 휴직 기간에 책을 쓰게 되었다. 그때 책 쓰기의 가치를 뼛속 깊이 느끼면서 휴직 내내 책을 썼다. 그 영향으로 글쓰기가 나에게는 일상이 되었다. 만만하고 편하게 느껴진 글쓰기로 인해서 일상의 모든 것들을 글로 표현했고, 내 생각과 메시지도 글로 써서 SNS에 올리기도 했었다.

글쓰기가 만만해지니, 보건 업무도 덩달아 만만해지는 현상이 일어났다. 코로나19 팬데믹 이후 직장에서는 더욱 글을 많이 썼고, 글쓰기로 일차적 소통이 이루어졌다. 팬데믹 전에는 교직원 회의도 자주 있었는데, 지금은 그렇지 않다. 글쓰기 시스템도 잘 갖추어져 있고, 간단하게 글로 웬만한 안내나 소통은 다 이루기에 부족하지 않기 때문이다. 각 부서에서 안내하거나 협조를 구할 일들은 대부분 메시지로 대부분 소통한다. 학교 내에서 글 쓸 일은 많다. 글도 많이 읽어야 하지만 내 맡은 일을 완수하기 위해 글도 많이 써야 한다. 보건교사도 예외가 아니다. 오히려 보건교사는 다른 부서의 사람보다 더 많은 교내 메신저 글을 쓴다. 그리고 감염병이라도 발생한다면 정말 그때부터는 본격적으로 글쓰기가 진행된다. 이런 현상을 보건교사는 잘 직시해야 한다. 어느 직장인보다도 보건교사는 글을 많이 써야 한다는 사실을 하루라도 빨리 받아들이고 글쓰기를 남의 일이라 생각하지 말고 학교 건강을 원활히 지키기 위해 글쓰기 능력향상을 위해 노력해야겠다. 다행히 글쓰기는 타고났다고 잘하고 타고나지 않았다고 못 하는 것이 아니다. 글쓰기 비법을 활용해서 글 쓰는 시스템을 내 삶에 장착한다면 글쓰기는 극복된다.

글쓰기 향상에 확실한 효과가 있는 비법은 책 쓰기 도전이다. 나는 책 1권 쓰면서 많은 변화를 느꼈다. "책 쓰기는 힐링이자 성장이다." 나는 이런 메시지를 간단히 제시할 수 있는데, 이것 외에 책 쓰기의 효과와 가치는 무궁무진하다. 가장 기본적인 책 쓰기의 효과는 힐링이자 성장의 효과라고 했는데, 글쓰기가 마음의 힐링을 위해 유용하다는 사실은 충분하게 이해가 될 것이다. 정신과에서는 심리적으로 힘든 사람을 위해 글쓰기 치료법을 적용했는데, 그것은 맞는 치료법이다. 책 쓰기를 위한 1꼭지 글쓰기는 그 재료가 바로 과거의 내가 살았던 삶이다. 1꼭지 글을 쓰기 위해 과거로 돌아가서 나를 힘들게 했던 시련의 시간을 글로 적는다. 그리고 그 시련에 대한 평가를 현재 내가 있는 이 시점에서 다시 한다. 그러면, 그 당시에 느꼈던 시련의 의미와 현재 시점에서 그 시련의 의미를 다르게 평가한다. 대부분 긍정적인 평가가 많다. 그런 시련의 시간, 인내의 시간이 있었기 때문에 오늘날 내가 있다는 사실을 발견하고 시련, 자체를 피해야 할 대상이 아니고 긍정적으로 바라보게 된다. 예를 들어 이런 것들을 1꼭지 글을 쓸 때마다 매번 체험한다. 그러니, 사람의 생각이 바뀐다. 사실, 책을 쓰기 전에는 앞만 보고 달려간다. 옆도 뒤도 돌아볼 겨를이 없다. 그런 삶을 살다가 책을 쓰면서 여유를 가지고 뒤도 돌아보면서 앞으로 어떻게 살 것인지 스스로 생각한다. 정신건강에 좋을 뿐 아니라 평범한 사람에게도 미래의 확실한 그림을 그리고 현재를 살아가게 된다. 이렇게 매일 쓰고 책 쓰기도 도전하게 되면, 글쓰기는 일상이 되어서 결국, 글쓰기가 그렇게 어려운 일이 아니라는 사실을 깨닫고 실제 글쓰기가 말하듯 편안해진다.

글쓰기 성장을 위해서 글만 쓰면 안 되고 책 쓰기를 도전해야 성과가 나타난다. 책이 아니라 글만 쓸 경우, 즉, SNS 활동이나 기타 글쓰기 교습소에서 쓰면 이런저런 이유로 흐지부지될 가능성도 높다. 하지만 책을 쓰면, 멘토의 도움을 받아서 꾸준하게 글을 쓰게 된다. SNS에 글만 쓰는 것과 책 쓰기가 다른 이유는 첫째, SNS 글은 형식 없이 써도 된다. 그것과 비교해서 책 쓰기는 형식이 있다. 둘째, SNS 글은 자신이 하다가 그만두어도 누가 말할 사람이 없다. 책 쓰기는 보통 공저 쓰기부터 시작하는데, 자신이 써낼 분량이 있기에 다른 사람에게 피해를 안 주기 위해서도 열심히 한다. 셋째, 글쓰기는 보통 자신만이 보는 경우가 많다. 남이 보는 글을 써야지, 글이 성장한다. 책 쓰기가 바로 남이 보는 글이라서 형식에 맞춰서 쓰려고 노력하고 그것이 성장의 자양분이 되어 글쓰기의 성장이 일어난다. 그래서 그냥 글쓰기 연습이 아니라 책 쓰기 도전을 통해서 글쓰기 실력을 훨씬 성장시킬 수 있음을 강조하는 것이다. 책 쓰기 구체적인 방법은 서론에 잠깐 비친 내용대로 남의 글부터 따라 쓰는 것이다. 그것도 그냥 손이 아닌 자판으로 치는 자판 필사이다. 이것만 내 루틴으로 만들 수 있다면 긴 글을 충분히 쓰게 되어 책도 쓰고 직장인으로서 글쓰기 소통도 자유

자재로 하게 될 것이라고 확신한다.

보건교사는 전문적 역량을 발휘하기 위해서도 글쓰기 능력을 키워야 한다. 점점 더 글쓰기 능력이 요구되는 사회적 환경 속에 살고 있다. 코로나19 감염병 팬데믹으로 우린 의사소통의 수단이 말이 아니라 글이 되었다. 감염병 상황에서는 대면 만남을 지양해야 하기에 감염병 확산 예방을 위해서 비대면 만남은 어쩔 수 없는 상황이 된다. 학교에서도 마찬가지이다. 철저하게 비대면으로 보건 업무를 해야 한다. 그러기에 글쓰기가 말하기처럼 되어야지 원활한 소통이 가능하게 되고 학교 건강도 지켜나갈 수가 있다. 아직, 글쓰기는 보건교사에게 부담이다. 하루에도 여러 번 메시지 글을 쓰면서도 불편감을 느끼는 보건교사가 많다. 그렇기에 이제는 글쓰기 역량이 미래 보건 업무의 필수 역량이 될 수 있다고 판단한다. 글쓰기의 중요성을 인정하고 글쓰기 능력을 키우기 위해 노력해야 하다. 글쓰기 능력은 타고나는 것으로 생각하는데, 이런 생각 때문에 글쓰기 향상을 위해 노력하지 않는다. '글쓰기는 말하기처럼 우리의 타고난 능력이다.' 이렇게 생각하자. 책 쓰기의 과정은 자판 필사부터 시작한다. 다른 기능 익히듯이 남이 써놓은 책을 그대로 베끼면서 내 글 쓰는 근육을 단련하고 감상 글쓰기를 통해서 내 안의 생각을 말이 아니라 글로 표현하는 연습을 한다. 최소 1달 정도 하면 어느 정도 습관이 형성되어 서서히 글쓰기의 발동이 걸린다. 글쓰기도 말하기처럼 인간의 욕구라고 이다. 긴 글을 쓸 기회가 없었기에 인간의 기본적인 욕구가 발휘되지 못했을 뿐이라고 여긴다. 꾸준히 자판 필사와 감상 글 쓰면서 쓰기의 능력을 향상하여 보건 업무를 하는데, 활용하기를 바란다. 앞으로 현대인은 비대면의 시간을 많이 가지게 되면서 글쓰기 능력의 가치는 더욱 높아질 것이라고 본다. 모든 직장이 다 그렇겠지만 특히, 감염병 관리와 예방 교육을 담당하는 학교의 보건교사에게 글쓰기가 만만해질 때, 보건교사 자신뿐만 아니라 학교 전체의 건강과 행복을 보장받게 될 것이다.

교사를 가르치는 보건교사가 되어라

이틀 동안 새 학기 연수가 학교 내에서 진행되었다. 첫날은 전입교사와 보직교사 소개와 각 업무분장 발표가 있었다. 그리고 부서별 부장이 전반적이면서 개략적인 부서업무 소개 및 연수를 시행했다. 나도 보건교사로서 학교 건강 관리에 관한 내용을 몇 가지 안내했다. 감염병 대응 및 관리를 위한 조직도, 응급 상황 발생 시 대응조직도, 학교 응급 대응 매뉴얼, 수업 중 교과교사가 발급하는 〈보건실 이용허가증〉에 대해서 전달 연수했다. 응급환자가 발생했을 때, 보건교사가 후송하는 것이 아니라 1차 책임자는 학부모, 2차 책임자는 담임교사나 교과교사 순으로 이동하고 보건교사가 판단했을 때, 이동 중에도 돌보기가 필요한 중한 응급환자

일 경우에는 보건교사가 함께 이동한다는 원칙을 재안내했다. 보건교사는 또 다른 응급환자 발생을 위해서 되도록 학교에 상주해야 한다는 사실 또한 해마다 강조해서 안내하고 있다. 오해받을 수 있더라도 학교의 응급환자 관리를 놓치지 않기 위해서 연초 새 학기 연수 때, 꼼꼼히 전달하는 것이 필수이다. 그리고 수업 중의 〈보건실 이용허가증〉은 교실에서 나오는 시간을 교과교사가 양식지에 적고 보건실 처치 후 보건실에서 나간 시간을 보건교사가 적어서 학생 편에 다시 교과교사에게 전달하도록 한다. 시간이 적혀있기 때문에 교과교사는 보건실에서 나온 시간에 비해서 학생이 너무 늦게 교실로 들어왔다면 결과처리를 한다는 내용도 있다. 이것은 학생과에서 시작한 시스템이다. 이 단순한 시스템으로 인해 수업 중 복도를 배회한다든가, 교실 밖을 나가는 학생이 거의 사라졌다. 다른 부서에서도 순서대로 새로 보직을 맡은 부장들이 각 부서의 특색 사업이나 특별히 협조가 필요한 부분을 안내했는데, 정말, 교사들은 밥 먹고 가르치는 일만 하는 사람들이라서 그런지, 말하는 것이 청산유수라는 것을 또 느꼈다. 당연히 말을 잘하지만, 정말, '역시 교사는 교사이네, 어쩌면 저리 이해가 쏙쏙 되도록 설명할까?'라며 상대적으로 나 자신은 그러지 못한 것 같아서 위축된 마음이 되기도 했다.

“선생님, 저는 오른쪽 중간 손가락이 자꾸 부어요. 왜 그럴까
요?”

어제 송별회 하는 회식 자리에서 옆에 앉았던 여교사가 나에게
질문했다.

“부은 지는 얼마나 되셨어요? 선생님. 한번 봐요?”

보건교사의 직업병이 있다. 누군가 아프다고 하면, 금방 그것을
확인하고 싶어진다. 확인하면서 이것저것 질문한다. 이것은 시진
과 문진에 해당한다. 환자 파악을 위해서는 이것이 가장 먼저이고
기본이다. 보건실 문을 열고 들어오는 학생을 보면, 그 학생의 건
강 상태가 예측되며, 꾀병인지 진짜 아픈 것인지 감이 온다. 보건
실에 습관적으로 오는 학생들이 있다. 그 학생의 주원인은 교실에
앉아 있기 싫다는 것이다. 그러면 교과교사에게 어디가 아프다고
핑계를 대고 〈보건실 이용허가증〉을 받아 보건실로 온다. 교과교
사의 입장에서는 학생이 아프다고 하니, 조금 의심스럽기는 하지
만 보건실을 안 보내줄 수가 없다고 한다. 공부하기 싫은 아이들
은 그렇게 보건실에 와서는 누워있겠다는 둥 혹은 보건실에서 놀
다가 가겠다는 둥, 말도 안 되는 이유를 들면서 수업 시간에 빠지
려고 한다. 이런 아이들에게도 나는 적당히 허용해 준다. 적당히는

해주지만, 항상 쓴소리를 추가한다. "너, 그래도 학생인데, 수업은 열심히 들어야 해!! 교실에 앉아 있기만 해도 도움이 되는 거야! 오늘은 조금 보건실에 있다가 올라가자. 시간은 10시 30분에 올라가는 거야!"라고 시간까지 확실히 정해서 알려준다. 그 시간이 스위치 효과를 발휘해서 그때는 두말없이 교실로 올라간다. 내가 적어준 시간을 조금 늦추어서 적어달라는 잔머리 대왕 학생도 있다. 화장실 들렸다가 올라가겠다는 것이다. 그럼, 조금 뒤로해서 시간을 적어주기도 한다. 어찌하였든, 보건교사는 융통성을 부려야 하고 반 점쟁이가 되어 가야 한다. 학생들 건강 파악을 위해서는 그렇게 오감이 발달해 간다. 이것이 학생뿐 아니라 교사들에게도 역시 작동할 때가 많다. 어떤 교사가 어디가 아프다고 하면, 그 교사의 전반적인 생활방식이 느껴진다.

보건교사의 건강 조언에 대해서 교직원들은 매우 고맙게 생각한다. 손가락이 아픈 여교사는 현재 나이가 50대 후반을 향해서 가고 있고 굉장히 마른 체형이며 운동은 전혀 하지 않는다고 했다. 그렇다면 신장 검사를 위한 내과나 정형외과 쪽으로 진료를 받아보는 것이 맞는다는 생각이다. 그래서 내 생각을 알려주었더니, 그러냐고 하면서 귀담아듣고 나서 고맙다는 이야기를 여러 번 했다. 보건교사는 그래도 전문인으로서 살아온 시간과 경험이 있어서 일반인들이 모르는 정보를 많이 가지고 있다. 그 정보를 조금이라도 알려주면 보건교사가 의료인이기 때문에 옆에 앉아 있는 교사에게 그런 비슷한 이야기를 듣는 것보다 보건교사의 조언을 더 가치 있게 생각한다. 그래서 보건교사를 보면, 학생뿐 아니라 교직원까지 어디 어디가 아프다고 자신의 건강상 문제들을 터놓고 이야기한다.

해마다 의무적으로 교육받아야 할 교직원들의 응급처치 의무교육을 나는 직접 교육한다. 요즘은 갑자기 심정지 상황의 경우가 심심치 않게 학교에서도 일어났다. 아주 어린 학생뿐만 아니라 교직원 중에서도 학교에서 이런 상황이 발생할 수 있다. 학생은 체육 시간, 야외 활동 중에 간혹 이런 사태가 발생하기도 하는데, 그럴 때, 그 장면을 발견한 목격자가 바로 심폐소생술을 시작해야 한다. 보건교사를 기다리면 그만큼 시간은 지체되고 심정지 골든 타임 4분을 지날 수가 있다. 한시라도 빨리 심폐소생술을 하는 것이 소생률을 높이는 일이기에 교직원 누구나 심폐소생술을 할 수 있어야 한다. 그래서 모든 교직원이 심폐소생술을 해마다 연수로 몸에 익히고 있다. 그 익힌 소생법을 여차하면 바로 실시할 수 있어야 한다. 해마다 심폐소생술 교육을 받아서 막상 그런 상황에서는 몸이 먼저 움직여 바로 심폐소생술을 실시할 수 있도록 해마다 연습하고 있다. 경기도교육청에서는 보건교사를 일정한 기간에 이론과 실습을 가르쳐 테스트를 거쳐서 응급처치 및 심폐소생술 강사 자격을 부여했다. 나 또한 이 과정을 통해서 심폐소생술 및 응급처치 강사 자격증을 취득했다. 이 과정을 통해서 우선, 나 자신이 보건교사로서 응급처치법에 대한 자신감을 가지게 되어서 가장 좋았다. 그리고 본인이 근무하는 학교 교직원의 연수는 직접 실시하기를 권고하기 때문에 그 권고대로 나는 직접 교직원 교육을 하고 있다. 교직원 인원이 많아서 이론은 내가 실시하고 실습은 의뢰한 업체에서 실시하는 것으로 100명의 교직원 응급처치 및 심폐소생술 교육을 시험 기간 중에 했다. 청산유수의 말솜씨를 가진 교사들을 가르치는 것은 여간 강심장 아니면 주눅 들기 마련이지만 나는 주눅 들지 않기로 했다. 왜냐하면 나는 학교 내 유일한 의료인이고 전문가이기 때문이다.

보건교사가 교직원들에게 연수를 직접 실시해야 하는 이유를 다시 정리해 보자면, 다음과 같다.

첫째, 건강에 있어서는 보건교사가 학교에서 가장 전문가이다.

이것은 두말하면 잔소리이다. 보건교사는 간호대를 졸업해서 간호사 자격증이 있다. 그리고 보건교사는 대부분 긴 시간의 병원 경험이 있다. 병원의 어떤 과에 근무했느냐에 따라 그 과를 방문하는 사람들의 질병에 해박한 경험과 지식을 소지하고 있다. 간호대를 졸업하자마자 보건교사가 되어 다소 경험이 부족하다고 할 수도 있겠지만, 그래도 전문적인 역량을 충분히 갖추었기 때문에 간호사 자격증을 취득한 것이다. 그러니, 의료, 건강에 있어서는 학교에서 가장 전문적이란 점을 인지하고 강의를 하길 바란다. 일반교사도 의료 전문가인 보건교사의 보건교육에 신뢰감을 가진다. 자신감 있게 강의해도 된다.

둘째, 전문가이기 때문에 가르치는 기술이 조금 부족해도 신뢰감을 준다.

교사는 가르치는 부분에 있어서 전문가이다. 보건교사는 가르치는 기술은 좀 떨어질 수 있더라도 건강, 의료 부분에 있어서 전문가이다. 전문가의 말 한마디를 우린, 소중하게 생각한다. 전문가로서 직감적으로 느끼는 감각에 대해서도 특별하다. 그래서 건강 관련 언급을 할 때, 신뢰감을 가질 수밖에 없다. 한편으로 그렇기에 더욱 신중히 가르쳐야 한다는 책임감을 보건교사는 가져야겠다. 의료정보나 지식도 계속 업그레이드되기에 항상 배워 가면서 가르쳐야 한다.

셋째, 가르치는 기술은 교사를 따라갈 수 없다는 점, 그냥 인정해라.

가르치는 방식을 교사에 비교하지 말아야 한다. 그냥 나 자신에 충실하게 진심으로 가르치면 된다. 그것이 가장 핵심이다. 교사와 가르치는 것을 비교하면서 스스로 주눅들 필요가 없다. 아무리 노력해도 매일 하루에 3~4시간씩 가르치는 교사보다 잘할 수는 없다. 그리도 중요한 부분, 잘 가르친다고 그 사람이 중요한 부분을 놓치지 않는 것은 아니다. 수업의 기술적인 면과 내용적인 면은 엄밀히 다르기에 보건교사는 전문가로서 신념을 가지고 교직원에게 도움이 될 내용을 선별해서 가르치면 되는 것이다.

넷째, 보건교사가 예방 교육을 직접 해야, 학교 구성원도 건강관리에 더 신경을 쓴다.

예방 교육도 교직원들에게 필요하다. 뉴스나 기타 인터넷에 다 나와 있는 내용이라도 보건교사가 학교 메신저를 통해서 한 번 더 안내한다면 교직원은 마음 상태가 달라진다. 개인적으로 그냥 넘어간 내용도 보건교사가 알려주었기 때문에 한 번 더 기억하고 마음에 새겨 자기 건강관리에 활용한다. 그렇기에 주기적으로 메신저로 보내거나 연수 시간에 건강 관련해서 한가지씩이라도 알려 주면 교직원 스스로 건강관리에 참고할 것이고 결과적으로 학교 전체의 건강 유지와 증진에 효과적이다.

보건교사는 교사를 가르치는 교사가 되어야 한다. 보건교사는 건강 관련 내용에 한해서는 교사의 교사가 되도록 노력해야겠다. 학생을 가르치는 역할은 주로 교사들이 하고 있지만, 건강관리에 대한 조언, 예방 교육 관련분야에서는 보건교사가 그 교사들을 가르쳐 주어야 한다. 해마다 해야 하는 응급처치 교육도 보건교사가 할 수 있는 역량을 키워서 직접 실시하도록 해보자. 보건교사가 수업을 안 할 때 보건교사는 특별히 하는 것이 없다고 여기는 교사들의 관점을 바꾸는 계기가 될 수도 있다. 무엇보다, 같은 학교의 보건교사가 건강 지식과 심폐소생술 하는 법을 가르침으로 인해 그 보건교사에 대한 신뢰감을 가지게 된다. 그럼으로써 보건 관련 다양한 사업을 진행할 때 더 적극적으로 협조하는 분위기가 조성되고 더 많은 관심을 끌어내게 된다. 교사를 가르치는 보건교사, 어쩌면 학교를 더 건강하게 만드는 비법이 되지 않을까? 생각해 본다.

보건 업무가 보건교사를 성장시킨다

"고독할 줄 아는 사람이 성장한다."

"성장하려면 혼자 있을 수 있어야 한다."

이런 말들은 고독과 성장이 함께 공존 한다는 의미이다. 보건교사 초창기에 나는 이런 고독을 즐길 줄 몰랐다. 아무래도 보건교사는 혼자 근무서는 환경에 있다. 그렇다고 업무 자체가 혼자 한다는 의미는 아니다. 보건 업무의 대상은 항상 다수를 대상으로 한다. 전교생의 건강을 위해 항상 분주하고 학생만이 아니라 학교 내 구성원 전체를 항상 염두에 두고 일을 한다. 하지만, 업무를 할 때는 여느 교무실과 다르게 혼자인 환경이다. 누군가는 이런 업무 환경을 부러워하며 가끔 말한다. "보건 선생님은 교장 선생님처럼 혼자서 넓은 공간을 사용해서 좋으시겠어요? 정말 부러워요."라고 말하는데, 나는 이 말을 들으면서 '어디 교장과 보건교사를 비교하나?' 하는 생각이 순간 들었다. 교장은 학교 전체 일을 하시는 분이다. 보건교사와 그분을 비교할 상황은 아니다. 그런데도 그렇게 자기 말하고 싶은 대로 말하는 사람들이 과거에는 종종 있었다. 요즘은 그렇게까지 말하지 않는다. 보건교사가 안방 드나들 듯이 찾는 학생들로 바쁘다는 것을 잘 알고 최근, 보건 업무의 중요성이 누구보다도 크다는 것을 인지하면서 그런 말을 하는 교직원들이 줄어들었다. 코로나19 팬데믹일 때, 보건교사의 수고는 이미 다들 알고 있다. 일반교사들도 온라인 수업 시스템으로 전환해서 온라인 수업하느라 고생이 많았지만, 보건교사는 코로나19와 한판 대결을 벌인다고 그 이상의 수고를 했었다. 세계가 가까워짐으로 인해 감염병은 이제, 주기적으로 발생한다는 것쯤은 누구나 예상하는 상황에서 보건교사의 입지는 더욱 굳건해졌다. 보건교사는 학교에 반드시 있어야 할 교사이다. 어떤 관리자는 보건교사가 학교를 비울 때 응급 대응에 대한 불안감으로 보건교사는 되도록 학교를 안 떠나기를 바란다고 한다. 만약, 학교를 비울 경우에는 전체 메시지를 보내라는 지시를 내린 관리자도 있다고 했다. 보건교사 복무 관련해서 전 교직원들에게 알리고 움직여야 한다는 사실은 보건교사로선 부담되는 일이다. 한마디로 남들처럼 마음 편하게 권리라고도 하는 복무를 갈 수 없는 상황이다. 전 교직원에게 자신의 복무를 안내하고 가는 교사는 거의 없다. 그 정도로 보건교사는 학교에서 꼭 있어야 할 존재로 여겨지게 되었다. 보건실도 웬만하면 지켜야겠다는 생각을 점점 하게 된다. 급한 용무가 있어 보건실을 찾았는데 만약, 보건교사가 없다면 보건실을 찾은 입장에서는 낭패이다. 그래서 보건교사는 항상, 가는 곳을 밝혀두고 다니게 된다. 회의가 있다면, 회의 참석을 자제하게 되고, 만약, 꼭 참석해야 할 회의일 경우, 보건실 문 앞에 전화번호나 있는 위치를 남긴다. 이런 부분도 개인정보 유출 가능성이 커진다. 여러모로 보건교사는 일반교사와 다른 환경, 다른 위치에서 학교 근무를 서고 있다. 그럼으로써 일반교사와 같지만, 다른 처신을 해야 한다는 점에서 다른 교사가 느끼지 못했던 아픔이 있고, 그로 인해 성장이 일어난다고 볼 수 있다.

"선생님, 혹시, 소변검사 날짜를 다른 날로 바꿀 수 있나요?"

생활 인권부 소속인 나는 부장으로부터 이런 전화를 받았다. 소변검사는 학교 보건협회에서 연락받고 날짜가 정해진다. 학교 보건협회는 우리 학교만 소변검사를 하는 것이 아니라, 우리 지역뿐 아니라 다른 지역까지 학생의 소변검사를 담당한다. 자세한 시스템과 내막은 잘 모르겠지만, 여러 학교를 한꺼번에 맡고 있기에 날짜는 거의 정해서 학교로 연락하는 편이다. 그런 상황이란 것을 생활 인권부장에게 설명하고 정해진 소변검사 날짜는 바꾸기 어렵다고 이야기했다. 그리곤 나는 잊어버렸는데, 다음날, 수련회에 참석 중이라 학교 밖에 있는 교감으로부터 전화가 또 왔다. 난 미처 받지 못했다. "아, 무슨 일이지? 아침에 전화를 다 주시고? 혹시, 수련회장에서 아이가 다쳤나?" 부재중 전화가 와 있는 것을 보고 그런 생각을 하는 차에 교감으로부터 다시 전화가 왔다. "보건 선생님, 혹시, 소변검사 날을 바꿀 수 없을까요? 3학년 학생들 졸업 앨범 찍으러 호수공원 가는 날에 비가 온다는 일기예보가 있어요. 그래서 날을 바꾸어야 할 것 같은데, 소변검사를 다른 날로 할 수 있을까요?"라고 했다. 그래서 나는 알겠다고 바꾸도록 학교 보건협회에 부탁드려 보겠다고 말했다. 그리고 학교 보건협회에 전화했다. 학교 사정을 이야기했는데, 학교 보건협회에서는 아주 곤란하다고 말했다. "그래도 윗분들과 상의라도 한번 해 주세요. 앨범 찍는 날 비가 온다고 하는데, 학교에서는 날짜를 바꿔야 한다고 합니다."라고 부탁 후 끊었다. 생각 외로 너무 난항이었다. 이 정도로 소변검사 날짜 바꾸는 것이 어려운 줄은 몰랐다. 검사 기관으로서도 한번 바꿔주면, 선례를 남기는 것이라 일의 진행을 위해서 정해진 날짜 변동은 되도록 하지 않는다는 원칙이 필요했을 것이란 생각이 들었다. 전화를 끊고 나서 3학년 부장에게 전화했다. "혹시, 날짜 변경이 안 될 수 있으니, 앨범 찍는 날을 소변검사 날 외에 다른 가능한 날로 업체 사장님과 통화를 해봐야 할 것 같다."라고 말했다. 일은 진행이 되어야 하니, 소변검사 날이 변경 안 된다면, 앨범 찍는 날을 다른 날로 옮겨야 했기에 미리 전화했는데, 3학년 부장은 이미 소변 검사하기로 한 날에 앨범을 찍기로 확정된 듯이 수업도 조정한 상태라고 했다. 한마디로 어이가 없었다. 소변검사 날짜는 먼저 확정된 것이었다. 확정인 날짜를 담당자와 상의도 없이 바꾸었다는 식으로 이야기하니, 참, 뭐라고 할 말이 없었다. 예상한 대로 학교 보건협회에서는 날짜 변경이 안 된다고 최종 연락이 왔고, 교장까지 나서서, "보건 선생님, 혹시, 인근 학교 소변검사와 날짜를 바꾸면 되지 않을까요? 인근 학교 소변검사 날짜를 알아봐 주시면 그 학교 교장에게 제가 전화해서 날짜를 바꿔보도록 할게요."라고 말했다. 다시 보건협회에 전화해서 인근 소변검사 학교를 알아보고 그 날짜를 알려드렸고 교장이 그 학교 교장에게 부탁해서 결국, 소변검사 날짜를 바꾸었다.

소변검사도 의무 검사로 중요한 검사이다. 그런데, 일방적으로 날짜를 변경하면 안 된다. 1학년, 2학년 대상으로 하는 검사로 2개 학년이면 500명 가까운 인원을 검사해야 한다. 그런데도 담당자와의 상의 없이 먼저 정해진 날짜를 바꾸라는 것은 경우가 아닌 듯하다. 물론, 중간에 사정이 있었을 것이다. 앨범을 찍으려고 하는데 비 일기예보가 있었고 급하게 바꾸다 보니, 미처 소변검사가 예정되어 있었다는 것을 인지하지 못했을지 모른다. 사람의 일이란 실수가 있을 수 있다. 그렇다면 솔직하게 급하게 바꾸게 된 경위를 설명하고 협조를 구하는 대화를 나누었어야 했었다. 보건교사로서 여러 부정적인 감정이 생기는 일이 되었다. 인내심을 발휘해야 했던 사례였다. 여러모로 아쉬움이 남는 일 처리 방식이었다고 생각한다.

갑작스러운 소변검사 변경 해프닝을 통해서 보건교사로서 느낀 점을 정리해 보자면 아래와 같다.

첫째, 일하다가 실수가 있을 때는 솔직히 인정하고 상의해야겠다.

　사람이 하는 일들은 실수가 있기 마련이다. 학교 업무를 할 때도 누구나 실수할 수 있다. 이것에 대해서 이해 못 하는 사람은 없다. 보건교사도 실수하고 일반교사, 관리자도 실수한다. 그럴 때, 우리의 솔직한 모습이 필요하다. 그것을 실수하지 않은 것처럼 포장하려고 한다면, 더 큰 상황이 발생할 수 있다. 실수했을 때는 솔직하게 실수를 인정하고 서로 허심탄회하게 상의해서 그 일을 해결하기 위해 합심하면 된다.

　둘째, 미안한 일은 미안하다고 확실히 표현해야겠다.

　졸업 앨범 찍기로 한 날에 공교롭게도 비가 내린다는 일기예보를 알게 되었을 때, 충분히 날짜를 변경할 수 있다. 하지만, 정해진 학교 행사 날은 피했어야 했다. 소변검사로 정해진 날인데, 굳이 그날로 앨범 촬영 날을 정하는 것은 경우가 아니다. 실수로 다른 행사가 있다는 것을 미처 모르고 그날로 정했다면 담당자에게 실수를 인정하고 미안하게 되었다는 표현을 먼저 하는 것이 순서이다. 그리고 어떻게 처리할 것인지 상의해야겠다. 이런 과정이 생략되고 날짜를 변경하려고 한다면, 굴러온 돌이 박힌 돌을 빼내려고 하는 듯한 기분 상하게 하는 상황이 만들어지는 것이다.

셋째, 관리자일수록 결단력이 필요하다.

관리자의 역할이 필요할 때가 갈등 상황일 때이다. 만약 행사 날짜를 바꿔야 하는 상황이라면, 이미 정해진 학교 행사 날짜를 그대로 두고 다른 날을 알아봐야 한다고 생각한다. 이미 정한 그 날만 바꿀 수 있는 것은 아니기 때문에, 다른 날로 알아보도록 결단을 내려 담당자에게 이야기해 주어야 학교가 시끄럽지 않게 된다. 더더욱 학교 내부의 일은 되도록 학교 내부에서 해결할 수 있도록 해야 한다는 생각이다. 정말 중요하고 다른 학교의 도움이 필요하다면 그때 도움을 요청하는 것이라고 본다.

넷째, 한 사람이라도 마음의 상처가 생기지 않도록 일해야 한다.

학교 일을 할 때, 한 사람이라도 감정이 상하면, 그 일은 실패한 일이라고 나는 생각한다. 일이 사람보다 앞서서는 안 되기 때문이다. 더군다나 아이들의 인성을 키우고 익히도록 하는 학교에서 인간중심의 일 처리가 되어야 한다. 눈으로 보고 듣는 것, 오감각을 통해서 느껴지는 모든 것들이 아이들에게는 바로 교육이기 때문이다.

다섯째, 소변검사 하는 달을 5월은 제외하고 정해야 한다.

보건 행사 시, 5 월달에는 주의해야겠다는 생각이 든다. 비가 올 수 있고, 졸업 앨범 사진은 대부분 꽃피는 5월에 찍는다고 하니, 이날에는 되도록 보건 행사를 자제하고 다른 달에 날짜를 잡아야 겠다는 생각이다.

보건 업무를 하다 보면 여러 가지 배우고 깨닫는 바가 많다. 이 것이 바로 성장으로 이어진다. 속상한 일들이 있더라도 보건교사 는 건강한 학교를 위해 마음에 삭이고 원만하게 해결하도록 협조 해야겠다. 그것이 결과적으로 봤을 때, 보건교사 나 자신을 위해 서, 그리고 학교를 위해서 좋은 결과를 만든다. 갑작스러운 소변 검사 변경 요청 같은 경우에도 상식적이지 않은 일 처리 방식이었 다. 담당자와 상의 후 날짜를 변경하고 일을 진행했어야 했는데, 그 과정이 빠졌다. 검사 담당자로서 화를 내고 싶은 상황이지만, 화를 내서 중요한 일을 놓칠 수가 있어서 그냥 이해하고 넘어간 것은 잘한 일이다. 결국, 보건교사는 학생을 위하고 학교를 위하는 일이니까 원하는 대로 협조해 주었지만, 두고두고 그 일 처리 방 식이 반면교사가 되어 나의 삶에 자양분이 된다. 이런 일들을 통 해서 또 한 번, 배우는 것이다. 보건교사라고 보건 일로만 끝나는 것이 아니라, 보건 일을 하면서 보건교사는 배우고 느끼며 성장한다. 불합리와 시련의 부정적인 일들이 생기더라도 보건교사는 그런 상황에서 새로운 성장의 씨앗들을 내면에 키운다. 보건 업무가 우리의 성장이 되게 하면 된다. 보건실에서 일어나는 일들을 성장의 한 과정이라고 바라보고 일한다면, 심리적인 안정을 찾을 뿐 아니라, 보건 일도 술술 잘 풀린다. 보건 업무를 통해 우린, 오늘도 성장한다.

보건교사라면,
나만의 힐링법 한가지는 가져라

나는 요즘 배드민턴의 재미를 쏠쏠하게 느끼고 있다. 시청에서 평생 교육 측면에서 시민들에게 다양한 운동을 무료로 강습해 주는 건강 프로그램에 참석해서 배드민턴을 배우고 있다. 우연히, 이 프로그램 소식을 듣고 참석하기 시작했다. 마침, 장소도 집 근처 고등학교였다. 동료는 차가 없어서 퇴근 후 내 차를 타고 배드민턴을 치러 간다. 나는 아직 아이가 어려, 집에 가서 아이들 먹을 것을 준비해 두고 운동복으로 갈아입고 배드민턴하는 인근 학교로 다시 갔다. 배드민턴의 장점은 땀을 흠뻑 흘릴 수 있다는 점이다. 땀을 많이 흘릴 정도로 운동량이 많다는 의미가 될 것이다. 개인 지도는 10분에서 15분 정도 받지만, 경기에서 더 많은 땀을 흘린다. 4명이 주로 모여서 복식경기를 한다. 잘하지는 못하지만, 셔틀콕을 치기 위해 이리저리 뛰어다니다 보면, 힘든 줄도 모르고 운동을 하게 된다. 슬럼프도 찾아왔다. 강사가 개인지도를 해 주어도 실력은 늘지 않았고, 경기에서 번번이 지기만 해서 오히려 스트레스가 되고, 나중에는 재미가 없어졌다. 그것이 슬럼프였다. 그 기간을 겪고 나서 지금은 배드민턴을 치고 싶다는 생각이 수시로 들었다. 배드민턴을 조금 더 잘 치고 싶어서 소화도 시킬 겸 점심시간에는 스텝 연습을 해보기도 했다. 그리고 손목을 어떻게 움직여야 하는지, 근무를 서다가도 앉은 자세로 상체의 자세를 잡고 팔을 휘둘러 본다. 배드민턴을 통해서 건강도 챙기고 삶의 활력도 얻었다.

보건교사에게 찾아오는 업무 과부하의 상황에서 자신만의 힐링법을 만들어가야 한다. 학교에 1명뿐인 보건교사는 혼자서 해결해야 할 일들이 많다. 다른 일반교사는 부서 간 서로 이해도가 높다. 돌아가면서 그 일들을 할 수가 있다. 하지만, 보건교사는 학교의 유일한 의료인으로서 돌아가면서 할 수 있는 사람이 없다. 전문의료인만이 할 수 있는 일이 보건교사의 업무이기에 항상 혼자서 모든 일을 결정하고 추진해 가야 한다. 그래서 혼자서 냉가슴 앓듯이 이해 못 하는 일반교사, 혹은 관리자를 대상으로 이해시키는 과정이 필요할 때가 자주 있을 수 있다. 그 과정에서 마음을 다치기도 한다. 의료인만이 볼 수 있는 면이 분명히 있기에, 그 것을 보지 못하는 일반교사와의 생각 차이를 혼자서 메꿔나가야 하는 것에 에너지 소모가 될 때도 있다. 그래서 스스로 힐링할 방법을 하나쯤은 만들어야 한다. 그것으로 잠시 보건의 무거운 무게감을 내려놓아야 한다. 학교에서도 특별히, 쉬는 시간이 따로 없는 보건교사는 자신만의 휴식 시간을 정해두고, 그 시간을 활용해서 머리를 식히거나, 자기만의 방식을 만들어감이 필요하겠다. 보건교사가 건강해야 학교도 더 건강해지는 법이다.

보건교사란 직업을 가지고 일을 하다 보니, 어떤 직업군보다 자신만의 건강 비법이 필요하다는 사실을 깨닫게 된다. 그 이유는 몇 가지로 말해 볼 수 있겠는데, 정리하면 다음과 같다.

첫째, 보건교사는 건강을 담당하는 사람이기에 자신부터 건강해야 한다.

건강의 소중함은 사람을 구분하지 않는다. 어떤 사람에게나 건강은 가장 중요한 부분일 것이다. 그러나 보건교사는 특히, 더 건강해야 한다고 말하고 싶은데, 그 이유는 보건교사가 아프지 말고 건강해야 건강의 모델이 되어 학교도 더 건강해질 수 있기 때문이다. 생각 외로 많은 일을 보건교사는 하고 있다. 해마다 건강 관련해서 새로운 업무들이 추가되고 있다. 안 해 봤던 일들도 관리자의 가치관에 따라서 새롭게 해야 할 사업들이 생기기도 한다. 학교 상황, 관리자의 상황, 일반교사의 상황에 맞추어서 수시로 자신을 탄력적으로 변화시켜 업무를 하는 태도다. 그런 상황에서 건강하지 못하다면, 모든 보건 업무가 힘들게 느껴질 수 있다. 건강해야 융통성 있게 자신을 변화시키면서 대응할 수가 있다. 그래서 보건교사에게 건강이 더욱 중요하다고 말할 수 있겠다.

둘째, 보건 업무가 생각 외로 업무 스트레스가 많다.

올해, "성장예측 시스템" 사업이 새롭게 시행된다고 한다. 사업명조차 어렵게 느껴진다. 학교에서는 체육과에서 이 업무를 맡기도 하고 보건교사가 맡기도 한다. 지원금은 천 단위, 억 단위로 금액이 많다. 돈이 곧 사업의 크기를 말해준다고 할 수 있다. 교육도 융합적으로 하기를 강조하지만, 사업도 점점 융합식으로 여러 부서가 협업해서 수행해야 할 것들이 많아져서 더욱 복잡해진다. 이 사업을 신청한 학교, 이 사업이 당첨된 학교의 보건교사는 스트레스를 받고 있다. 잘 모르기에 더욱 염려스럽고 걱정이 된다. 이것만 있는 것이 아니라, 수시로 스트레스를 주는 상황들이 발생한다. 그렇기에 보건교사는 자신의 건강관리가 필요하다.

셋째, 학교에서 보건 업무를 하는 사람은 보건교사 혼자이다.

혼자는 항상 외로운 것이다. 일할 때, 상의할 같은 전공자가 한 사람이라도 가까이에 있고, 내 편이라는 사람이 그저 존재하기만 해도 힘이 될 것이다. 물론, 다른 학교에 보건교사 동료가 있지만, 그들은 그들대로 바쁘다. 학교마다 특수성이 있기에 그 학교에 맞게 업무를 함으로 전적으로 우리 학교 상황을 이해하지는 못한다. 개괄적인 내용만 서로 소통하고, 세부적인 부분은 스스로 판단해서 보건 업무를 한다. 혼자의 외로움, 보건교사는 운명이라고 받아들여야 한다. 그래야 에너지 소모를 줄이고 좀 더 열정적이고 적극적으로 보건 업무를 할 수가 있다.

보건교사는 최소 1가지 이상의 힐링법을 가지도록 노력해야겠다. 나는 2가지 힐링법을 추천해 보고자 한다. 우선은 머리와 몸을 각각 힐링할 수 있는 방법을 찾아보길 바라는데, 내가 지금 하는 2가지 방법을 참고해 보길 바란다. 우선은 글쓰기이다. 글쓰기라고 하면 "나는 글쓰기 못해!"라고 말하는 사람이 많다. 대부분, 글쓰기에 대해서 어렵고 부담스럽게 생각하는 경향이 있다. 하지만, 그 것은 많이 써보지 않았기 때문에 느끼는 감정일뿐이다. 우리가 언 제, 글을 써봤겠는가? 그렇기에 어렵게 느껴지는 것은 당연한데, 그것은 하나의 감정일 뿐이지 실제 써보면 다를 수 있다. 해보지 않고는 글쓰기에 대해 정확히 알지 못한다. 해보고 나서 판단해도 늦지 않는다. 그래서 글을 써보길 권하는데, 우선, 자신의 글을 처 음부터 쓰려고 하면 안 되고 남의 글부터 써야 한다. 남의 글부터 쓰면 쉽게 글쓰기의 세계로 들어갈 수가 있다. 남의 글쓰기가 바 로 필사이다. 필사도 손 필사보다는 자판 필사를 권한다. 자판 필 사는 손이 아프지도 않으면서 많은 양의 글을 쓸 수 있는 쉬운 방 법이다. 글의 분량을 많이 써야 글쓰기가 익숙해지고 점점 자신감 이 붙는다. 자판 필사한다면 그것만으로도 글쓰기에 대해 많은 것 을 깨닫게 되고 좋다는 것을 느끼게 된다. 자판 필사를 통해서 글 쓰기 몸을 만들면, 점점 자신의 글도 쓰게 되고 말하고 싶은 것을 말뿐 아니라 글로 표현할 수가 있다. 글쓰기는 최고의 힐링법이자 성장의 수단이 된다. 세상 보는 관점을 바꿀 수 있어, 보건교사로 서 살아가는데, 많은 도움이 된다.

다음으로는 운동이다. 운동은 자신한테 가장 적합한 운동으로 찾으면 되는데, 처음에는 처음이라 다 어렵게 생각된다. 그래서 최소 1년은 해보아야 한다. 나는 보건교사에게 배드민턴을 한번 해보길 권하고 싶다. 배드민턴은 실내 운동이고 혼자 운동이 아니고 함께 하는 운동이라 서로 소통하고 공감하며 웃고 떠들 수 있어서 좋다. 주로 혼자만 근무서는 보건교사에게 함께라는 의식을 심어주고 마음을 터놓을 수 있고 건강도 챙기면서 운동할 수 있어서 좋다. 배드민턴, 가벼운 셔틀콕처럼 가벼운 운동이라고 생각하는데, 사실은 운동의 강도가 테니스만큼이나 강하다. 그렇기에 땀은 비 오듯이 흘릴 각오를 하면 된다. 헬스를 나는 해보았는데, 러닝머신을 한 20분 정도 뛴 이후부터 땀은 비 오듯이 흘러내렸는데, 배드민턴은 한 경기하고 두 번째 경기부터는 땀이 흘러내린다. 그래서 상황이 된다면 2경기는 연달아서 하면 좋다. 체육관 상황에 따라서 이것도 사람이 많으면 하기 어렵지만, 시청에서 대여한 학교 체육관에서는 그냥 그만그만한 실력의 사람들이 모였기에 여러 경기를 연달아서 할 수 있다. 잘하는 사람들이 많이 모인 클럽보다는 초보일 경우에는 이런 학교 체육관이 실력향상과 재미있는 운동에 더 유익하다. 땀을 흘리면 기분이 우선 상쾌해지고 흘리는 그 땀에 부정적인 감정도 함께 사라지는 느낌을 받게 된다. 이만한 힐링법도 없다. 단 주의할 부분은 배드민턴은 다른 운동에 비해서 위계질서가 강하다는 점이 있다. 나쁘게 말하면 텃세 같은 것이라고 할 수 있겠지만, 경력이 철저히 존중되는 운동이다. 처음에는 최대한 예의를 갖춰서 적응하면서 배워나가야겠다. 실력이 좋아지면, 나 또한, 그런 대우를 받을 수 있다. 이런 배드민턴 세계의 분위기를 견디지 못하고 금방 포기하는 경우는 있다. 직장에서나 운동에서나 본인이 하기 나름이니, 처음에는 배우기 위해 겸손히 인내하는 시간이 필요하다는 점, 참고하면 된다. 처음의 시간을 잘 견디고 어느 정도 4명 이서 경기를 할 정도의 시간이 흐른다면, 배드민턴은 평생, 내 건강 지킴이로서 역할을 할 것이다.

보건교사라면 자신의 건강을 위해 나름의 힐링법을 찾아야겠다. 학교의 건강지킴이이기 때문에 보건교사 본인이 먼저 건강해야 한다. 보건 업무는 다수를 대상으로 하는 일이기에 복잡하면서 일도 많다. 그래서 일에 치여 소중한 심신이 쇠진되어서는 안 되겠다. 지켜야 할 대상은 바로 자기 자신이 1순위라는 것을 잊지 말자. 보건교사는 학교에서 혼자라는 사실이 또한, 힘든 일 중의 하나인데, 어떤 일이 생겼을 때, 속속들이 상의할 사람이 없다. 보건 업무는 일반교사가 잘 모른다. 일반교사와는 보건 업무에 관해서 세세한 이야기를 나눠도 이해하는 데 한계가 있다. 그래서 혼자서 해결해야 할 상황이 많은 것이다. 그렇기에 알게 모르게 정신적 부담감과 스트레스를 기본적으로 가지고 있다. 혼자서 해야 하기에 막중한 책임감은 두말할 것도 없다. 보건교사 스스로 건강관리를 위해 힐링하는 방법 한가지씩을 정해보자. 다양한 힐링법이 있겠지만 그중에서 자신에게 가장 맞는 것으로 정하면 되는데, 마음과 몸을 동시에 관리하는 방법이 필요하겠다. 나는 글쓰기와 배드민턴을 추천한다. 만약, 한 번도 해보지 않은 영역이라면, 관심을 가져보길 권한다. 글쓰기는 평상시 말 못 한 상황과 생각들을 글로 표현할 수 있다. 어떤 주제라도 맘껏 쓸 수 있다. 글쓰기도 배우고 익히면 좋아지는데, 우선 자판 필사부터 하면 된다. 자판으로 남의 글부터 쓰기 시작해 보면 되겠다. 그리고 몸의 건강을 위해 배드민턴에도 도전해 보길 권한다. 배드민턴은 함께 운동하는 종목이라 서로 소통하고 함께 웃으면서 즐겁게 운동할 수 있다. 초창기 견뎌내야 하는 시간도 필요하지만, 직장인에게 최고의 운동이 될 수 있어서 나는 권한다. 배드민턴이 꼭 아니라도 좋으니, 다른 운동이라도 한가지 정해서 도전해 보길 바란다. 건강을 잃으면 모든 것을 잃는다는 것은 보건교사도 예외가 아니다. 자신만의 힐링법으로 보건교사 자기 행복부터 챙겨 실천하길 부탁한다.

나도 1급 보건교사! 이제는 말한다

초판 1쇄 발행 | 2026년 1월 1일

지은이 | 김혜진, 전희주, 정수영, 나애정
펴낸이 | 김지연
펴낸곳 | 생각의빛

출판등록 | 2018년 8월 6일 제 406-2018-000094호

ISBN | 979-11-6814-129-2(03190)

원고 투고 | sangkac@nate.com
블로그 | blog.naver.com/sangkac

* 값 19,900원